U0857519

法科学生读本

（以著者姓氏笔画为序）

王亚新　案例分析的方法与学理

王利明　民法案例分析的基本方法探讨

张卫平　学习民事诉讼法中应注意的十大关系

张广兴　学术规范与法学论文写作

杨建顺　行政法学研究方法论

陈兴良　法学知识形态及其方法论

郑成良　法学方法论

韩大元　迈向专业化的中国宪法学

中国人民大学出版社

编者的话

对于方法论的研究，法学界已经有诸多的“议”与“非议”。这套针对学生的小书因此不敢奢谈“方法论”，只希望定位于对学生们提供学习及写作的指导和帮助，同时，大家可以借助前辈师长的个人经验，对于法学的各个门径有所领略。

其实诸位作者赐稿前，已经在各自的教学生涯中思考良多，想必他们的最低要求，一是让自己目前的学生学路顺畅，二是让目前的学生，今后的法律共同体同仁的术业不致太过于荒腔走板。因此，约稿之初老师们都颇多谦辞，甚至认为个人思考未足普世。即便承认方法的类型化，但类型恐怕难以如学派一样尽数。

我们姑且认为这是这个学科赋予他们的谨慎美德。而编者只针对需求提供素材，况且素材又都是有感而发、深思熟虑的成果。其价值自有话说。

一直都认为，成为法科学生殊为不易。

就学问本身，他们有权利得到更多，更多的指导。

因此，在收录的时候，唯恐遗失珠玉，形式风格上的统一反倒退为其次考虑。幸运的是，各位学者都倾力提供稿件，唯愿读者认为有收获。

他们文风敦厚，语言质朴，思路严谨缜密，对待“面包的学问”，用盐与面包的态度。这是法学家体现教者父母心的方式。

很想借用法国大思想家笛卡儿在《谈谈方法》一书中的自白：

“我并不打算在这里教给大家一种方法，以为人人都必须遵循它，才能够正确地运用自己的理性；我只打算告诉大家我自己是怎样运用我的理性的。”

希望能大致道出作者们的心声 。

2007 年 10 月 9 日

目 录

王亚新（清华大学法学院教授）

案例分析的方法与学理

——兼谈民事诉讼法学与司法实践的关系*

屏幕

案例的作用

- 对概念、程序的形象说明
- 法律问题的解释（“澄清”或“划线”的功能）
- 发展有关的理论、学说
- 推动从“案例”到“判例”的制度建设

第一个部分我就要讲一下案例的作用，但我不用屏幕上的抽象语言，而用具体的例子来解释，画面上的表达由同学们看着自己思考。第一条对概念、程序的形象说明，比如说甲、乙两个人争一块地，甲起诉乙说地是我的，乙作为被告说地是自己的，二人各不相让。此时有与原被告没有关系的第三者丙站出来说：“这块地不是甲或乙的，而是我的。”这是什么人呢？（场上回答：第三人）对，这就是有独立请求权的第三人。如果他说这块地全部是他的，他是有全部独立请求权的第三人，如果他说这块地有一半是他的，他就是有部分独立请求权的第三人。大家看，这样一

* 整理自王亚新教授 2005 年 11 月 7 日西南政法大学司法研究中心讲座。

个例子就把有独立请求权的第三人、有部分独立请求权的第三人、有全部独立请求权的第三人等概念说明白了，这就是案例的第一个作用。

我同样以一个例子来解释案例的第二个作用，我们都知道共同诉讼这一程序或制度，其中有一个概念叫做必要的共同诉讼。那么什么是必要的共同诉讼呢？按照法条的解释就是诉讼标的同一、有多个当事人的诉讼，而此处我们就用案例的方法来解释。比如说共同共有，假如刚才那块地的所有人，双方都不是一个而是多个，而且不是按份的共有而是不可分的，那么发生纠纷打官司时所有的人都必须参加诉讼，否则法院也必须依职权追加。或者说关于一份遗产，在还没有分割前发生了争议并进行诉讼，那么有继承权的所有兄弟姐妹就必须共同参加，只来其中一个或两个都是不行的，其他人都必须参加进来，除非你放弃实体权利。因为遗产没有分割就不知谁究竟应该占多少，其本身就是不可分的，是同一个诉讼标的。这些都算说明概念的典型或者说是该概念的核心部分，因而是容易理解的。但是，当我们到达概念所覆盖的范围边界时，就不这么简单了。比如说侵权行为引起的诉讼，什么叫同一诉讼标的的共同侵权呢？一个人打了某人一拳，另一个人又打一拳，第三个人又踢一脚，复合起来造成了严重后果，构成共同侵权是没有问题的。但不可分吗？受害人先告打自己一拳的那人，后告踢自己一脚的那人，难道不可以吗？但那什么才是不可分的共同侵权呢？这就有点麻烦了。因为任何一个概念都有它的核心部分或典型表现，就像我们说哪些是第三人哪些是共同诉讼人一样，有些会显得一目了然，不言而喻。但麻烦是在司法实践中，总会有些案件在概念的边界上游移，我们不知道是否应该把它归入某一概念或应排除在外。这时案例的另外一个作用就显现出来了，即所谓“澄清”或“划线”的功能。就同一诉讼标的的必要共同诉讼而言，比如说在黑暗中几个小孩向一个人扔石头，其中一块击中他的眼睛而导致失明。三个或五个扔石头的人是可以确定的，但黑暗中却不能确定这几个人中谁扔的石头致其受伤。此时你可以单告其中一人或另一个人吗？（场上回答：不可以）这个诉讼就是不可分的，这就说明侵权的不可分完全是可能的。还有就是楼上坠物伤人，在知道是谁掉东西的情况下是可以单独起诉的，但在不知道究竟是谁的情况下，整个大楼的住户都有可能成为被告，甚至判他们全部都须赔偿。这个例子就说明案例可以用来澄清一些概念，或用来“划线”。

而且此时对于我们的法条就需要解释了，如究竟什么是“同一”诉讼标的或“同一”法律关系？几个人扔石头只有一个人致人受伤，能够说他们的侵权是同一诉讼标的或同一法律关系、是不可分的吗？由此一些理论上的问题就需要讨论，通过分析案例来发展理论的作用就开始表现出来了。因为案例不是孤立的，而往往会是一串或一系列。刚才讲了，概念经常有明确的中心部分，也有模糊的边缘部分，经过案例的分析引起理论上的探讨，模糊的部分变得清晰了，出现了明确的适用范围或边界。这就有一个随解决案例的需要而在具体的诉讼实践中发展理论的演化过程。今天出现一个案例，通过理论上的探讨把概念的边界拓宽了，而明天又出现一个案例，又可能导致概念的范围缩小，等等。在这种交替中，相关的学说理论就发展起来，使概念的边界变得明确。例如刚才我讲的必要共同诉讼概念。同样，我们刚才也提到的诉讼标的，也是诉讼法上的一个重要概念，在座的李龙老师在这方面是专家。我们民事诉讼法学界还没有很多人做博士论文、硕士论文在这方面进行探讨，他的那本书在这个比较薄弱的研究领域一定程度上就有了“填补空白”的意义。

案例的最后一个作用，也是很少有人提到的，就是推动从“案例”到“判例”的制度建设。大家知道我们讲的是案例，因为我们还没有判例制度。但从理论界到实务界都说我们不应仅仅停留在案例上，而要想法把它发展为判例。那么案例和判例又有什么区别呢？今年的司法考试就考了这样的题。这个问题也正是我今天晚上想讲的重点，因为前面谈到的三个层次也是我们的教学方法，也是做常规的解释法学时经常使用的一种方法。而我要把这些层次都集中起来并推进到最后一个层次，看看我国的法律制度在案例与判例之间到底还有多大距离，我们都有什么途径可以通向判例制度。

屏幕

一个有关管辖权异议的案例

- 案情的介绍
- 第一诉讼：甲省A地的a企业诉乙省B地的b企业，即a v. b（1996年6月）——因购销合同供货方交付的货物瑕疵而向A地法院请求退货
- 第二诉讼：b v. a（1996年7月）——向乙省B地法院请求同一合同的购货方给付欠款（依据欠条）
- 甲、乙两省高院之间的协商→向最高法院报请指定管辖→最高法院通知

现在是一个有关管辖权争议的案例，我想学过民事诉讼法的同学理解这一案件都没问题，所以相关概念和制度我就不再介绍。这里有两个诉讼，第一个诉讼是甲省A地的a企业诉乙省B地的b企业，即a对b，起诉的时间是1996年6月，理由是因购销合同供货方交付的货物瑕疵而向A地法院请求退货，这个很简单。大

家要记住这个购销合同是口头合同，没有正式的文本，也要记住起诉的法院在甲省A地。而在1996年的7月，相差不足一个月，第二个诉讼提出，此时原被告和起诉地都倒换过来了，即乙省B地的b企业诉甲省A地的a企业，b对a，理由是向B地法院请求同一合同的购货方给付欠款。这是一个真实的案例，大家可以参见最高法院前副院长，现在全国人大法工委副主任祝铭山主编的一套丛书，其中《管辖权争议纠纷》一书里边第37页就可以查到这个案例。这两个诉讼是根据同一个口头供销合同提出来的，诉讼时b企业向a企业交付了所有货物，a企业向b企业支付了约一半的货款，而总货款大概是二十一万九千多元。在支付一半的货款时，a企业打了一张欠条，欠条写道：货物收到，已经给付货款××，尚欠××将于某给定时间内偿还，同时注明若发现产品有质量问题就要退货，且若围绕欠款发生争议应向乙省B地有关部门请求解决。第二个诉讼就是b企业以欠款为理由向B地法院起诉a企业。两个诉讼的诉状都经法院送达对方，于是a、b企业分别到对方起诉地法院提出管辖权异议，主张自己企业所在地法院有管辖权，于是双方法院发生管辖权争议。大家知道，我国《民事诉讼法》第37条有关指定管辖作了明文规定，“人民法院之间因管辖权发生争议，由争议双方协商解决；协商解决不了的，报请它们的共同上级人民法院指定管辖。”而且1994年12月最高人民法院下达了《关于在经济审判工作中严格执行〈中华人民共和国民事诉讼法〉的若干规定》这一司法解释文件，对管辖争议问题作了更细化的规定，如不准任一方抢先下判决、必须协商等，因此本案例中争议双方的法院陷入了僵局。它们都是基层法院，经协商未能达成一致，因为双方共同上级法院只有一个，最后通过上报，双方的省高院也未能协商解决，于是在1997年12月报请最高法院指定管辖。最高法院于半年后，也就是1998年6月专门下达一个通知，指定了管辖的法院。通知的内容我们先不交代，暂留一个悬念。我们的案情就先介绍到这里，下面我请几位同学来回答两个问题：第一个问题是你认为本案例中的争议该如何解决，而后我们将把答案拿来与最高法院的解释、我接下来的点评以及三位教授的观点进行比较；第二个问题是你认为这个案件牵涉哪些理论问题或问题点。第一个问题谁愿意主动回答？请举手，请勇敢一点。

（甲同学：我认为应该按合同履行地，由货物的交货地法院管辖，就是A地法院管辖。

乙同学：我认为应该由B地法院管辖，因为应该由被告所在地管辖。）

好！现在出来了两种观点。下一个问题比较难回答，就是我们暂不考虑结论，先问你认为这个案例涉及哪些理论上的概念或者说涉及诉讼法学上的哪些理论？

（丙同学：我认为涉及诉讼标的问题以及指定管辖问题。

丁同学：我认为还涉及了协议管辖问题。）

很好，这位同学提到了协议管辖问题。

屏幕

该案例涉及的问题群

• 诉讼标的问题

前后诉是一个诉讼标的还是两个诉讼标的？

如是同一个，是前诉并入后诉还是相反？

如是两个，是否应合并，如何合并？

• 协议管辖问题

协议管辖是否优先于特殊地域管辖？

本案欠条是否应视为“协议”?

协议内容应明确到何种程度方有效力?

刚才的几位同学已提到了这两个问题，即诉讼标的问题和协议管辖问题。我把它们再细分为两组问题或两个问题群。顺便说一下，案例分析有两种方法：一种是诉讼实务中法官、律师和当事人最关心的，也就是如何解决眼前的问题，结论究竟是怎样的。这当然非常重要。外国有句话，说类似法学这样的学科是“面包的学问”，就是非常讲究实用性或技术性的学问。但我们法学界还有另外一种说法，就是结论是什么其实并不是最重要的，重要的是你的推论过程。同样的结论可以是基于完全不同的理论或逻辑推导过程，这个才是法学的精髓或叫真谛。这两个方法或命题看起来有矛盾，但实际并不一定矛盾。刚才我的提问也是基于这两种方法，一个是结论应当是怎样的，另一个则是都牵涉哪些问题或问题群。第一种方式直接询问结果，但往往容易忽视一些更复杂、更深层次的问题。第二种就是先不考虑结论，但通过考虑涉及的问题或理论往往也能导出结论。回到这个案例，尽管案情很简单，但如果仔细分析起来却涉及很复杂的问题。首先，两个诉讼陷入了争议的僵局，不知道到底谁吞并谁。这就要判断前后两个诉讼的诉讼标的到底是同一的还是不同的，按照法院或司法解释中常用的术语，就是“法律关系”究竟是一个还是两个。“法律关系”和“诉讼标的”两种用法牵涉理论与实务在表述上的不同，我们在这里就把两者都理解为要解决的是同样一个问题好了。那么，本案例中的诉讼标的到底是一个还是两个呢？这个问题非常关键，因为如果是两个就不涉及前后诉相互吞并的问题，完全可以分别进行，只是当两个诉讼只有一个诉讼标的时才涉及谁吞并谁的问题。但大家注意，即使是两个诉讼标的或法律关系时，也有可能为了方便审理、节约资源等而进行合并审理，大家要注意此处是“合并”而非“吞并”或“并入”，属于诉的合并问题。当然，即使是诉的合并，这也是要在明确存在两个诉的前提下才成立，说来说去都牵涉诉讼标的问题。那么下一个问题就是，如果是同一个诉讼标的，就绝对不允许同时进行两个诉讼，必须有一个谁吞并谁的问题，是前诉并入后诉呢，还是后诉并入前诉？这就是第二个问题。而如果是两个诉讼标的，两诉是否需要合并呢？如需要，则前诉合并后诉，还是后诉合并前诉仍然成为问题，即第三个问题。此处对后两个问题的两组回答虽然在结论上完全同样，但其根据或推导过程及内部逻辑则是完全不同的。关于第一组问题就谈到这里。

第二组问题就是刚才那位同学提到的协议管辖的问题。第一个问题，如果把欠条算是一个关于管辖的协议，但作为后诉的协议管辖是否优先于前诉的管辖？也就是协议管辖是否优先于特殊地域管辖的问题。因为本案的第一个诉讼 a 企业正是按照特殊地域管辖向购销合同交货地，即履行地 A 地法院起诉的；而第二个诉讼 b 企业认为这是协议管辖，而协议管辖有优先权没有？这就是案件争议的另外一个焦点。下一个问题是，此处的协议是一个欠条，它是单方出具的，这能否叫做协议呢？这就涉及法条解释了，管辖的协议是否必须在合同中以单独的条款规定呢？该欠条虽然是单方出具的，但对方拿着来起诉是否意味接受这个意思表示呢？这些问题，我们大家再去思考。最后一个问题就是协议的内容应该明确到什么程度，就是协议的明确性问题。这关系到协议有没有法律效力。

大家可以看到这个案子把这几组问题都提出来了。由于时间关系，我就来解答一下，一会儿再由李老师和徐老师提出批评。

我的观点是这样的：就第一个诉讼标的的问题而言，其实很简单，应该认为只有一个诉讼标的。为什么呢？从常识来看，如果我们承认是两个诉、两个法律关系，最后的判决很可能是相互矛盾的，哪个都执行不了。这只是一个需要考虑的因素，而另外一个因素是，两个诉所依据的都是同一个购销合同，因而只能是一个诉讼标的，不是两个诉。我要提醒大家的是同一个法律关系有时候是非常容易让人误解的，稍微引申一下，你们就会觉得问题变得非常麻烦。比如说，假如第一个诉讼中 a 企业起诉的不仅是合同关系，还有侵权，如交来的货物造成了设备的损失，不是要你赔二十几万，而是五十几万，此时法律关系就不一样了，但它还可能是一个诉讼标的，理论上对诉讼标的作的限定有宽有窄，宽的话它可以把整个纠纷算成一个标的，窄的话同样一个法律关系也可以分为几个诉讼标的。这就是不同理论的差异，但此处我们不多说。同样，后一个诉虽然是依据同一合同中的欠款，但如果该欠条是涉及代销另外一批货物以充抵货款等情况时，又可能导致不同的诉讼标的。所以，并不见得这两个案子只能就是同一个诉讼标的。包括“诉讼标的”和“法律关系”是否完全同一的概念，到这种复杂情形也可能成为问题，所谓诉讼标的理论的重要性就开始显示出来。所以这里我使用诉讼标的这一概念，而不是用法律关系的概念。但仅就这个现实的案例来讲，两个诉讼其实是同一个诉讼标的，必须一个诉讼吞并或并入另一个。那么下一个问题就是谁吞并谁的问题，又有两种观点。我的观点与最高法院通知的结论是一致的，就是后诉并入前诉，但我自己的结论又与这个通知不同，我们推导出结论的内在逻辑推理过程是完全不一样的。我的理由涉及下面一组问题，即协议管辖的问题。

我们知道就同一个诉讼标的的起诉，根据管辖权恒定原则，一般都是前诉优先于后诉，而当后诉有协议管辖时，后诉是否优先于前诉呢？即，协议管辖是否优先于特殊地域管辖，在这个问题上我的观点也是赞成协议管辖优先于特殊地域管辖。这有两个理由，一个是我们诉讼法上的法条规定协议管辖只是在违反专属管辖或级别管辖时才无效；第二个理由是，协议管辖是 1982 年最初制定民事诉讼法时没有规定的，到 1991 年现行民事诉讼法中才引进。学者往往认为这从一定侧面意味着诉讼结构从“职权主义”或“超职权主义”向当事人主义转变，扩大了当事人的意思自治的诉讼权利，而且当前在修改民事诉讼法的讨论中法学界和实务界都有不少人还主张要进一步扩大当事人协议管辖的范围。在这种政策性的考量下，强调协议管辖的优先性或给协议管辖的效力以更宽泛的解释也是有必要的。或许有同学问，按老师这样的推理应该是后诉吞并前诉呀。不过还有下面的问题，这里的逻辑是一层一层的。下一个问题就是，协议管辖虽然优先，但必须存在协议，而该单方出具的欠条是不是协议呢？我的结论很简单，是协议，理由是一方出具的欠条已经写明发生争议由谁解决，而另一方则根据该欠条起诉，这已经可以构成民事实体法上有关合同成立条件的要约与承诺，因为合同解释中有一种对默示行为的解释，且这种解释中可以包含尊重当事人意思自治的意义。最后一个问题就比较复杂了，就是该协议的内容是否足够明确到承认其有法律效力，从而把前诉吞并到后诉中来呢？我的回答是明确性没有达到这样的程度，因为该协议只是说由 B 地的有关部门解决，而有关部门是谁呢？因为仲裁委员会或工商管理局等都是有可能的，因此该协议的内容没有明确到足可使我们解释为必须承认其法律效力，所以它是一项没有法律效力的协议。因此我的推理就是：承认协议管辖的优先，也承认欠条及此后的行为构成协议，但因为其没有明确到发生法律效力的程度，最后还是应该由 A 地法院管辖。

现在我们来介绍一下最高法院的通知和对其内在逻辑的理解。

屏幕

最高法院“通知”的内在逻辑

- 关于诉讼标的是否同一的问题
- 关于协议管辖是否优先的问题
- a v. b：适用司法解释的溯及力
- b v. a：确立有关协议“明确程度”的规则

首先，前诉是一个购销合同，从表面上看该案件适用有关合同履行地的条款，按照民事诉讼法，购销合同发生争议确实可以由合同履行地法院管辖，而且有相关司法解释规定供货地或交货地就是合同的履行地，因此 A 地法院有管辖权是没有问题的。但最高法院的这项通知指出，购销合同有一个口头和书面的区别，根据最高法院在 1996 年 9 月发布的一个司法解释，口头的购销合同一概不按履行地确定管辖，所以对于前诉 A 地法院无管辖权，而 B 地法院作为被告住所地法院就拥有了管辖权，因为履行地不能管辖之后就只剩下被告住所地 B 地。第二个结论是，在后一诉讼中，似乎是在承认协议管辖的优先权和本案存在管辖协议的前提下，以欠条作为协议所规定的内容不明确而没有效力为由，也只能以被告住所地，即由 A 地法院管辖。换句话说，前一诉讼 B 地法院有管辖权，后一诉讼则归 A 地法院管辖，正好调了个儿。这是第一和第二个结论，但最重要的是第三个结论，就是认为因作为案件标的物的货物处于 A 地，由 A 地法院管辖能够方便法院审理和当事人诉讼，从而指定由 A 地法院管辖。这就是最高法院的最终解决方案。

下面，我来分析一下这个通知的内在逻辑：第一，通知中尽管说两个案件都是“基于同一事实发生的纠纷”，但对两诉的诉讼标的是否同一却没有作出任何解释，但从其逻辑结构进行考察或推测，似乎是认定有两个诉，因为它说第一个诉A地法院没有管辖权，而逻辑上是B地法院作为被告住所地有管辖权，相反第二个诉B地法院因协议无效没有管辖权，逻辑上同样应是A地法院有管辖权。这似乎意味着承认有两个诉讼标的，但最后却对此不作任何说明就将两个案件并到一起。但这到底是“合并”呢，还是“吞并”或“并入”？第二，关于协议管辖是否优先的问题，最高法院的这一通知也没有给出具体的说明，它只是在承认这是一个协议管辖的前提下，以协议的内容不明为由而指出其没有效力。我刚才已讲到，这里的逻辑关系是：如果协议管辖不能优先的话，根本就不用讨论是否存在协议以及协议的明确性问题。既然它讨论了明确性，大概可以推定最高法院是把协议管辖理解为具有优先的性质。但是，最后一个问题是，最高法院指定A地法院管辖的理由与我们刚刚讨论的逻辑都没有多少关系，给出的好像是一个纯粹效益方面的考虑，当然这也是有道理而且符合实际的理由，只是它不是我们所讨论的通过精巧的逻辑推演而达到的结论。

此外如上所述，这个通知适用了1996年9月发布的一个司法解释，但案例中的两个诉讼却分别发生于1996年的6月和7月。这样就产生了一个问题，即这是一种把司法解释中的规范溯及既往地适用吗？当然，可以分几个论点来推导出不存在溯及既往适用这个问题的结论。例如可以说适用的其实是1991年就成立的民事诉讼法有关条文，司法解释只是对法条的解释，所以适用解释不发生溯及既往的问题。但也可以争论说，司法解释确立的这个规范其实是对法条的限制或反对解释，因此溯及既往的问题依然存在。另一个论点则是溯及力的起算点，如果把起算的时间放在最高法院收到报请指定管辖的 1997 年 12 月，而不是起诉时的 6 月和 7 月的话，同样不会产生是否溯及既往适用的问题。但令人感兴趣的是，最高法院的这一通知对这些问题却毫不涉及，直截了当地就适用了刚才说的那项司法解释。换句话说，这里也没有围绕任何法理展开法律的推论，就直接到达了结论。但另一方面，就协议管辖的明确性程度来讲，可以看出最高法院通知的结论中又包含着创设了一定规则的含义，如“有关部门解决”这样的表述就属于“约定不明”，等等。但关于这样的规则在逻辑上是如何推导出来的，却没有对推理过程的任何说明。

所以在我看来，最高法院的这个通知存在一些重大的逻辑上空白或飞跃的问题。为了理解这些逻辑上的混乱为何存在，我们可以讨论一下作为一种司法解释的最高法院通知究竟有什么样的性质等问题。

屏幕

最高法院“通知”的性质及问题

• “通知”的性质及相关的问题

指定管辖的制度含义：处理个案还是创立规则，“裁量”还是法律推论?

• 问题的生成机制：诉讼法学理论“再生产”的动机与来自司法实践的激励

• 通过案例发展理论：私人决策，学术组织作用与法院内改革

我们知道最高法院通过种种作为司法解释的方式来解决实务中产生或提出的具体问题。有的时候发布由像立法一样抽象的条文组成的司法解释，比如《关于民事诉讼证据的若干规定》、《关

于人民法院执行工作若干问题的规定》等；有的时候则采取“批复”、“批示”等形式，就下级法院提出的具体问题用短短的一两行字作出回答。而像本案例中的“通知”到底是一种什么性质的司法解释，是否经常使用、在不同的法律领域有多大的适用范围等问题，我都没有作过调查研究。但是就民事诉讼法这个特定领域来讲，指定管辖可以说是一个比较特殊的制度，使用“通知”的形式可能有它独特的道理。大家知道，指定管辖的一个含义是在不同法院围绕管辖权发生争议时，由它们共同的上级法院来指定究竟由哪一个法院管辖。而在20世纪90年代上半期，尤其是在经济审判中，经常表现为“争管辖”或“抢管辖”的地方司法保护主义愈演愈烈。为了遏制这种现象，最高法院1994年出台了《关于在经济审判工作中严格执行〈中华人民共和国民事诉讼法〉的若干规定》这一司法解释，其中用好几个条款对指定管辖的程序作了一定程度的细化或系统化。经过这一番可理解为“制度化加工”的指定管辖，表现出什么样的特殊含义了呢？大家都知道，国外有不管事实认定而只审法律问题的上诉审，在大陆法系往往是第三审。但我国是两审制，既审事实问题又审法律问题，没有作为所谓“纯粹法律审”的第三审。而且对于程序方面的法律问题，只有不予受理、管辖权异议和驳回起诉等很少几种情况可以在诉讼过程中提起上诉，但到第二审就彻底结束了。类似于一些外国的民事诉讼制度可以就纯粹的程序法律问题直接或越级上诉到第三审级等情况，在我国本来是并不存在的。不过，指定管辖的制度至少在外表或形式上好像已经开始有了这样的含义，即通过这项制度，一个案件中的程序问题可以从最基层的法院经过所有的四个审级而一直到达最高法院，由最高法院就个案程序方面特定的法律问题作出结论来解决争议。而且像本案例的通知这样，最高法院的结论还包含了一定的说明解释或推论。仔细想一想的话，就会觉得这种情况在我们的诉讼法里其实是非常特殊的。因为这好像使我们在这个特定的场合有了“第三审”甚至“第四审”，有了专门就程序问题上诉的“纯粹法律审”似的。

但为了确认是否真是这样，我们还是回到具体的个案，在本案例的通知中，最高法院到底只是在处理个案，还是也在创设或推导出规则呢？而推导或创立规则恰恰是国外从事“纯粹法律审”的法院的职责，是所谓判例制度得以建立的基础。他们处理的虽是个案，但根据学说理论而展开，且往往是长篇大论的推论或理由一旦确立，就会构成先例或规则而对下级法院的审判产生长期普遍的拘束力。而我们的情况又如何呢？这就涉及屏幕上面写的两个问题，即最高法院的通知到底仅仅是处理个案还是也创立规则、到底只是“裁量”呢还是法律推论？回到本案的情况我们可以看出，最高法院确实是在处理个案，但其实也创设了某种规则，例如它说，像“由某地有关部门解决”这样的表述，就属于内容不明确而没有效力的管辖协议。这已经可能作为一条规则。但更关键的是下一个问题，就是这种通知究竟是一种“裁量”还是法律推论。裁量，如同经常表述为“自由裁量”的那样，原则上是不用讲道理的，也不是通过逻辑上严谨的推论过程而导出的结论。如果是国外经过“纯粹的法律审”而达到的结论，必然是法律推论的结果而绝对不可以仅仅是一种法官的裁量。

明白这一点非常重要，可能牵涉“案例”和“判例”的根本区别。判例是确立某种规则的，但绝不会采取抽象的条款或只有具体回答的“批复”等形式来确立规则。判例创设规则只能通过法律推论过程，体现在其根据、理由和结论的关联之中。所以规则的成立一定是说理的、逻辑上无自相矛盾的、有时需要经过非常复杂精巧的推论。而且任何特定的判例都绝不是孤零零的一个，它必然与从前的相关判例和当前存在种种学说理论联系在一起。在判决理由中，法官经常需要讨论诸如以前的判例怎样，本案中对以前的相关规则到底是推翻、继承还是丰富发展等问题。如果是全新的案件，也要有相应的理论根据和逻辑推理。这就是法的推论过程，总是只针对具体问题而又可能确立一般的规则。无论是英美法系所谓“case law”的判例法体系，还是大陆法系原则上只是对立法作权威性解释而创设“解释性规则”的判例制度，在这一点上并无根本性的区别。但是，在我们这里，可以从最高法院关于本案的通知看到，即使有一定程度的解释或推论，其过程却存在很多逻辑上的空白或矛盾。例如刚才分析时提到的有关诉讼标的是一个还是两个、协议管辖是否优先等问题，这项通知提供的解释都缺乏那种精细的严密的逻辑推理。所以我们怀疑它可能算不上法的推论，而属于一种裁量。事实上，就最高法院细化指定管辖程序的初衷而言，就是要抑止愈演愈烈的地方司法保护主义。最高法院似乎并没有要用“通知”这样的形式演化出整套的规则这种意图，只要可以“摆平”案件牵涉的管辖权争议，它甚至可以指定争议双方之外的第三个法院，理由就是与原来的两个法院相比，第三个法院不会搞地方司法保护主义。这样我们就比较容易理解，最高法院在本案通知中就结论给出的理由超越了所谓法律上推论，而是一种出于方便和效率的理由。所以，指定管辖虽然体现出来某些类似的形式特征，但我们还是应该说这种程序与所谓“纯粹的法律审”有很大的距离，目的还是一个典型的解决个案的问题，其作为裁量的性质是非常明显的。即使有一定程度的创设规则的含义，但仍然只是“案例”而非“判例”。大家知道，如“自由裁量”这样的词所暗示的那样，裁量原则上是不用讲多少道理，而法律推论则跟逻辑上严谨而无矛盾的推导过程联系在一起。裁量是行政的一般性质，而司法则是以法律推论为中心的。甚至说得极端一点，裁量与人治、法律推论与法治这样一些宏大的框架都挂得上钩。所以，究竟是裁量还是法的推论、究竟是“案例”还是“判例”这样简单的提问背后，还隐含着或者可以带出来一系列深层次的问题。

现在我们就来考虑一下上面谈的这些现象牵涉的深层次问题是什么？这里我就要强调一个问题，也就是诉讼法学的学说理论“生产”或“再生产”的动机与来自司法实践的激励之间的关系。刚才我们讲李龙老师研究诉讼标的理论，有一定的填补空白的意义，但是为什么这样的研究却很少有人去做呢？说得极端点就是因为司法实践中即使多数人不清楚什么是诉讼标的理论，也不至于做不了实务。换句话讲，我国目前的诉讼实务对于这样的学说理论还不存在充足的需求，也不可能给法学界的研究者们努力去“生产”并不断地拿出这类更精巧的理论提供足够的激励。我想李老师有时候可能会觉得很寂寞或孤单。而这就涉及司法实践对理论产品的需求或激励的问题。进行研究是有成本的，需要研究者投入时间、精力，因此当然也是期待回报的，而回报又依赖于社会的有效需求。我们诉讼法学界不断生产出学说理论，但这些“产品”对社会现实，尤其是对于司法实践究竟有没有用呢？有用到什么样的程度？这都是我们不得不考虑的问题。在西方的一些国家，有关民事诉讼法学的研究和教学为什么要搞那么多的系统精巧的学说理论，是因为诉讼实务中需要，不学习那些学说理论恐怕就干不了实务。而在中国大家都知道，在改革开放以前甚至在80年代初期，我们根本没有民事诉讼法规，没有多少法学的学说理论。那时我进大学上民事诉讼法学课，就发给一本薄薄的小册子，连课也不怎么去听，稍稍瞄几眼，最后考试也混过去了。就是在那样的情况下，我们国家还是有三十来年民事审判的实践，处理解决了大量的纠纷，取得的成绩也是可观的。这说明特定的时间、空间内民事诉讼的实践可以根本就不需要什么理论，不需要系统的法学研究和法学教育。所以那时候法院任何人都可以进，除了大家都知道的复员转业军人之外、一般招干、从任何单位的调动，甚至法院的司机等普通工人也可以转干，从书记员干起，跟老的审判人员跑一跑，像带徒弟那样，最后都能够独当一面当法官了。

但是，今天为什么会有这么多同学要花这么大的成本，耗费相当的精力、时间和金钱来学所谓的法学，包括诉讼法学呢？可以说就是有了你们这些学生，也开始有了我们作为研究者和教学者钻研或“生产”学说理论的直接激励。因此民事诉讼法学的教科书才越来越厚，提到的学说理论也越来越多、越来越复杂精巧。但你们又期待着学了这些东西将来到就业市场上会找到比较好的工作，尤其是做法官、律师等都可能要求应学过这些知识。所以法学教育与研究的繁荣似乎也就意味着司法实践以至社会本身对于法学的学说理论等专业技术知识的需求，而我们的学习和研究都是可以期待回报的。不过我们也完全可以说，现在的繁荣盛况其实可能有很多“水分”或泡沫，司法实践以及整个社会对于法学理论的发展究竟有多大的实际或有效的需求或者能够提供激励有多大，是存在很大疑问的。而我们刚才对那个案例涉及的实务运作所作的分析就显示了司法实践对理论需求其实相当有限，不得不承认我们民事诉讼法学许多理论的“再生产”得自于司法实践的需求和激励是严重不足的。当然从整体上看，毕竟比过去完全可以不要什么学说理论的时候相比又要好得多，所以，我觉得现在的法学理论“再生产”机制似乎处于一种非常微妙的状态。如果我们是悲观主义者，可能会说“唉，不过只有半杯水而已”；而如果我们是乐观主义者，则会说“啊！居然已经有半杯水了”。我们就处于这样好像是挺兴奋也挺尴尬的状态。

对于这个问题有两个正好相反的观察角度。一个角度就是我们应考虑如何通过理论与实践的对话交流来实现诉讼法理论与司法实践的结合，实现法学教育和法律实务的衔接，使司法实践对理论的精巧化和系统化产生更大的推动作用，给予更多的激励。当然这已经不是法学界单方面的期待，一个巴掌拍不响，而现在法院好像也确实存在这种需求，从而正在促进理论向比较丰富和更加精巧系统的方向发展。我们在座的所有人可能在这点上都属于同一个利益共同体。学者或者教师当然希望我们生产的“产品”有“市场”了，我们可以靠做研究出理论来提职称、涨工资、拿课时费，学生希望学了这一套套的法学理论毕业出去就可以找到好工作，等等。关于这个角度，我想等一下再谈。

与此相对，我们还得有另一个考虑或观察的角度。这就是一会儿徐昕教授说不定会批评的，说我们的理论越精巧、越体系化就越好吗？我们法学家生产的理论精巧了，法院都听我们的，这正常吗？法律的专家们垄断了知识技术，老百姓离法律越来越远，这合理吗？我猜徐昕可能会如此这般地批评我，所以此处我先夺下他批评的武器，作一下说明。但是除了所谓“预防批评、先发制人”的私心外，当然这确实是一个我们必须认真对待的问题。作为参照，给大家讲一点比较法上的情况。实际上，体系化的精巧的概念理论，或者种种法学的学说对审判实践的指导，其实主要是大陆法系的产物。大家都知道罗马法中权威学者著作的崇高地位。与此相联系，欧洲中世纪时的一些领主裁判，连判决书都要拿到大学的法学教授那里，请那些法学家出具法律意见。有了专家的意见，判决就容易得到正当化。作为一个漫长的历史发展过程，到了今天的德国、日本等国家的民事诉讼，司法实践中还是非常重视这种体系化的学说理论，法律的解释越是理论性强、越是精巧就越好。但是同为大陆法系，像在法国，民事诉讼法的地位就不太高，诉讼法的学说理论与德国相比也显得不很精巧或多少有点缺乏体系性。但它照样被称为一个法治国家，当然这只是相对而言，比起我们来恐怕法国的民事诉讼法学理论还是要完备得多、精巧得多。再看英美法系，如美国好像就主要不是法学教授，而是法官在生产学说理论，如卡多佐等。从印象上看真正能够指导司法实践的学说或理论，其再生产的主导权似乎也不在法学教授而在法官那里。连教授当好了都不呆在法学院，而是当法官去了，比如说波斯纳。由此可见，在所谓法治比较完备的国家，也并不是法学理论都很精巧和高度地体系化，更不一定就是必须由法学教授或纯粹的学者来生产或提供的。其实，理论界和实务界之间甚至存在某种类似于博弈式的竞合关系。理论家总会推销自己精巧的体系化的理论，而实务界则可能会避免或下意识地不去使用一些概念或理论。很简单，法官的裁量既然是自己说了就算数，根本不必费神讲多少道理的话，为什么非要使用让学者们弄得很复杂的概念或理论呢？另一方面如果实践中非用这样的东西不可，这就往往意味着学者们讲的话有权威性或重要性。这其中实际存在着一种博弈，是资源的争夺或者权威的争夺，但博弈的参加者们未必有明确的意识就是了。这种复杂的现实过程当然也包括专家与一般老百姓的关系在内，例如一个普通的离婚或赡养案件，有什么必要使用很精巧复杂的法学概念或理论呢？但是，现实生活中的矛盾纠纷也并不总是简单到可以用一般人的常识或所谓情理就能得到解决或说明。目前的我国的司法实践和社会生活开始产生了对法学的概念、理论、学说的需求，不可能仅仅是法学家们为了自身利益而炒作造成的。因此我们还是有必要考虑这些现象背后深层的过程及机制。不过这里提到的两种相反的观察角度或思考的维度都是很有意义的，我们必须在两者的张力中找到某个契合点或某种适当的度。

现在掉过头来再看如何发展法学的概念体系或学说理论的问题。作为一种正在进行的社会过程，我们也许能够在几个层面上通过种种方式发展理论，当然某些场合或某些时候也可能理论的发展正在被阻碍。第一个层次就是私人决策的层次，比如说你考某个学校选某一专业，这都是一种私人决策，即使不一定有非常明确的意识，一般说来是既有“投资”的考虑也有对回报的期待。这里假定你是一个追求自身利益最大化的主体。学者做研究也是一样。我们选择某个课题做一篇论文同样是一种私人决策，如李龙老师研究诉讼标的理论，李祖军老师研究诉讼目的问题，徐昕老师研究私力救济问题。当然我们做出来的成果或理论能不能得到实务界的重视和需求，或者说有没有“市场”，往往是有风险的。而在有关民事诉讼法学概念或理论研究的私人决策中，比较成功的例子一个是李浩教授关于举证责任的研究，另一个是张卫平教授关于辩论原则的研究。他们开始做这方面课题的时候实务界对这些概念未必理解，也很难说存在强烈的需求。但这些成果出来以后，因种种原因或条件的具备，实务界渐渐对这些概念及相关的学说理论产生了很大的需求。因此，他们的有关研究就成为大家关注的焦点，成为这些领域众所周知的业绩。通过无数这样成功和不一定很成功的私人决策，不少制度的构建就是在此过程中缓慢地向前推进。另外一个层次则是学术组织的作用。学术组织可以把单个的人力资源组合起来进行一些有益的研究以及在理论界和实务界之间起某种桥梁似的沟通作用。例如可以组织人力物力把涉及诉讼标的问题的案例进行收集、汇编、分类，进行理论上的梳理等。这些工作会很有意义的。第三个层次就是法院对诉讼程序进行改革的尝试和努力。这种种的尝试和努力往往会给法学研究提供很多素材和激励。事实上，从上个世纪 80 年代中期从法院内部开始进行的所谓民事审判方式改革，已经成为了促使我们国家民事诉讼法学长足发展的一个有名的“生长点”。甚至法官以至法院领导都开始需要进学校在职读书来获得硕士、博士等学历。这种现象都在一定程度上促进了理论和实践的交流。当然这里面也存在追求表面文章等问题。总之理论和实践的沟通交流不是什么“一路顺风”的过程，而是一个漫长的不断磨合的“进进退退”的动态机制。

最后以第二个案例作为一个简单的结尾，来说明在司法实践中建立在个人对自身利益追求上的私人决策如何可能与法学理论的生产或再生产这样宏观的社会机制发生关系。

屏幕

司法实践对理论的需求：第二个案例

• 案情：

• 前诉——甲宾馆在使用乙企业供应之洗衣设备两年多后（保修期三年），以瑕疵为由请求退货并返还货款（标的额 800 万元），判决原告全面胜诉

• 后诉——乙以退回的设备磨损为由，请求甲“回复原状”（标的额 700 万元）

这个案例与第一个很不一样。前诉是甲宾馆在使用乙企业供应之洗衣设备两年多时间后，因经常发生故障，保修方屡次来修

好结果又坏，于是以供货存在重大瑕疵为由起诉，请求退货并返还货款800万元。被告则表示可以延长保修期，可以在其他方面尽量给以补偿，但坚决不同意退货。最后法院经审理后判决全面支持原告的请求。送达判决后被告在有效期限内没有上诉，判决生效。但在判决生效后，前诉的被告却以退回的设备使用了两年多，存在很大磨损为由，向法院请求甲“回复原状”，折合现金是700万元。案情就这么简单。当然需要解决的问题是后一诉讼是否应当受理，但我们还是先考虑这个案例在诉讼法学上究竟都牵涉什么样的概念或理论问题。

屏幕

第二个案例涉及的问题与含义

- 三方面的问题：
- 后诉是否属于二重起诉（前诉判决的既判力客观范围是否覆盖后诉）
- 前诉法官没有释明是否属于程序瑕疵
- 后诉请求的实体法性质或根据是什么
- 含义：司法实践中对理论产生的需求及其局限性

这个案例牵涉三方面的问题：第一，是否属于二重起诉的问题涉及两方面的概念或理论，一是诉讼标的，即两个起诉究竟属于同一个诉讼标的还是属于两个不同的诉讼标的？如果是一个就属于二重起诉，当然应被禁止。但与第一案例不同的是前诉已作出判决并已经生效，这就变成了前诉判决的既判力客观范围是否覆盖后诉的问题。这个也是诉讼法学中高难度或最尖端的概念，而关于既判力理论我们民事诉讼法学界好像连一本专著都没有出版过，不过最近清华大学有两名博士生都以既判力为题做了博士论文，可能很快就会甚至已经出版了也说不定。关于既判力的理论，在国外无论大陆法系还是英美法系的民事诉讼法学界，与诉讼标的理论一样，都属于第一流的基础理论问题。但是在我们国家，关于这些理论法学界并没有多少有分量的研究成果，实务界对这些概念或理论也没有显出有多大或多强烈的需求来。第二个问题是，前诉法官在双方都没有提出退货时设备磨损的问题怎么办的情况下没有提示当事人，即没有进行释明，那么法官是否违反了释明的义务呢？这是否属于重大的程序瑕疵，以至于必须受理后一起诉呢？此问题涉及以前并不被关注，而现在则已经成为理论界和实务界都很重视的所谓法官释明权或释明义务这个最新流行的概念。而第三个问题则涉及实体法和程序法的交错。我们知道，“回复原状”在实体法上是一个与物权有关的概念，那么能否作为与债权相关的诉讼请求或请求原因呢？从程序的角度看，也可以理解为一个怎样提出实体法上的请求权才能不被视为二重起诉的问题。如果当事人或他的律师在诉讼策略上采取了让别人挑不出毛病的对策，就可能顺利进入诉讼，否则极有可能被视为二重起诉而遭不予受理。现在我想强调的是，案例分析可以设身处地分别站在原告、被告和他们的诉讼代理人律师，以及法院和社会上一般人等不同的视角来考虑。诉讼法学上的概念理论不仅表现为理论界与实务界、学者和法官之间的关系，而且经常也会服务于不同当事人的利益，为他们所利用，成为原告、被告双方在诉讼中展开攻击、防御的武器。例如怎样提出请求、怎样操作程序、怎样组合程序法与实体法上的概念，有的时候对于各自追求自身利益的当事人至关重要。在本案例中，前诉的被告或他的律师就是既要有实体法上的根据，又要绕过程序法上禁止二重起诉的原则，这其中有着操作诉讼策略的很大空间。当然还有个诚实信用原则或律师伦理的问题来作为防止作弊或走向违法的防波堤。同时，这个案例也牵涉释明权或释明义务这个有关当事人和法官在诉讼中职能分配的问题。实际上，大多数场合法院的判断决定不能就只是裁量而可以不用讲道理，司法审判就是必须给当事人一个正当的说法，而正当的说法从哪里来呢？这正是诉讼标的、既判力、释明权以及实体法和程序法上其他种种专门的概念或理论通过法律的推论而可能起到的作用。关于这第二个案例具体如何解决，已经没有时间详细分析并给出一个我自己的答案。关键的是我想说，法学理论或概念“生产”、“再生产”的机制，其实也同每一个潜在的当事人或利益群体相关，与司法实践必须回应社会生活的复杂化、权利意识的高涨以及利益关系的扩散化、多元化等当前中国社会的现实情况有关。诉讼中每个主体为了追求自身利益最大化时所采用的策略，许多情况下其实往往也意味着多多少少地参与了法学理论概念的建构，或者也对沟通这些概念和实务之间的联系而发生了某种作用。所以我还是愿意相信，随着一般人对纠纷解决的正当化提出更高要求，随着整个社会权利意识继续提高，法治观念有所改善，有可能为我们的法学研究和教育提供更加广阔的“市场”前景。所以大家跑到这里来学习法律也许真是一个很不错的私人决策。当然我在这里的发言也可以算本人的一个私人决策，是姑妄言之，也请大家姑妄听之好了。我的话到此结束！（掌声）

教授点评：

李祖军：好的，亚新教授很辛苦，用了一个多小时的时间为同学们讲了两个案例。特别是第一个案例，讲得非常深入，涉及许许多多的问题。说实在话，这种讲座，在我们大学还比较少，因为每一次大家都是谈一些比较热门的前沿的话题。今天亚新教授跟我们谈了与我们教学最为紧密的话题，而在座的老师又都是

比较善于运用案例教学法的，都有自己的体会。下面我们就请李龙副教授就亚新教授的讲座进行点评。（掌声）

李龙：我刚才和徐昕老师推了半天，说到底谁先来点评王亚新教授的讲座，最后我让他，还是我先来。今天晚上这种讲座的形式让人感觉耳目一新！我以前没有听人这么讲过，也没见过像他这种头衔的人这么谦虚。无论从哪种意义上讲，他都是我老师这一辈的，因为我在写博士论文乃至在写硕士论文时都引用过他的东西。我今天晚上本来是想听点日本的东西，但他却没有提日本，倒是讲到我的长处了——诉讼标的。他提了一个概念，就是寂寞，就是说我们研究这种理论的人寂寞。其实，寂寞的不光是我李龙，都寂寞，王老师寂寞的时间比我长得多；其实，也不像王老师说的那么寂寞。诉讼标的这个问题是很抽象，在民事诉讼法中是一个非常抽象的问题。但抽象归抽象，并非它的里边没有严密的逻辑。今天王老师问了几个问题，你们答不出来。王老师的问题很简单，你们应该答出来，但王老师背后的东西你们是悟不出来的。我经常说一句话，所有的民事诉讼理论都是靠诉讼标的这根线串起来的，讲案例，也首先要讲诉讼标的。今天王老师提供了一个很好的教学方法，一个案例可以引出这么多理论问题，这个方法我也要学习。

王老师讲的第一个案例是购销合同，而在特殊地域管辖中最麻烦的也就是购销合同的管辖问题，其他如保险合同、加工承揽合同等都相对简单，唯有购销合同，最高法院作过五次司法解释，王老师所说的规定了以合同履行地为准的 1996 年的司法解释是最后一次。它规定购销合同发生争议以交货地确定管辖。如果有约定的，以约定的交货地点为准；而如果合同没有履行，即没有实际交货，而双方住所地又都不在约定地点的，或者该合同是口头合同的，都不按合同履行地确定管辖，只是适用原告就被告原则。所以在第一个诉讼中，原告就被告，其实很简单。第二个诉讼中有协议管辖，这个我也说过，就是协议管辖约定不明的该协议无效，这样也就不考虑管辖协议而直接根据合同纠纷来确定管辖。王老师问了这么一个简单的问题，大家都没有答出来。王老师还问，协议管辖是否优先于特殊地域管辖？当然优先，不然我们的约定管辖还有什么意义？但关键是该管辖协议是一个无效的协议。而最高法院没有作这个逻辑推理，就像王老师所说，更像一种自由的裁量，因而它也不是判例，我们根本没有严格的判例制度。

王老师还说了一个问题，我认为他最后才给了我们答案。这个案子很简单，一方在接受交货后先付了一半货款，并打了欠条说有瑕疵问题可以退货，货款在一段时间内归还。该方在用了一段时间后发现产品存在瑕疵，于是要求退货，而另一方则按照欠条起诉要求偿还货款，那么这两个纠纷是不是同一个诉？也就是后一个诉是否是重诉，如果是的话，是不允许的。案件中第二个诉是否属于重诉呢？显然是的！那么，他能不能以不是重诉的方式起诉呢？也是可以的，王老师最后说了，他可以以侵权或者别的变通的方式来起诉，从而形成一个新的诉讼。那么，是不是反诉呢？购销合同当中的反诉太多了，比如一方要求给货款，另一方认为货物瑕疵致使发生侵权，这就是反诉，可以合并审理，也可以另行起诉。而本案中为什么一直提到吞并的问题呢？就是因为两个诉实际是同一个诉。还有一个问题就是涉及管辖权异议的问题，实际上既然是同一个诉，第二个法院的受诉就有问题，它不应该受理第二个案子，所以第二个诉直接应被吞并到第一个诉中。

所有这些问题都牵涉诉讼标的问题，但诉讼标的理论是不深奥的，它就是当事人提交给法院，法院也必须裁判的那个东西。这个东西不是诉讼请求，而是藏在诉讼请求背后的实体法律关系，这就是诉讼标的，它涉及诉权，诉是否合法，是否属于重诉，以及王老师后面所讲的既判力的客观范围等。当然，诉讼标的有很多种学说理论，我把它分为三个阶段，即实体法学说、诉讼法学说和新实体法学说，经历了一个否定之否定的过程。刚刚王老师似乎并没有表明他有关诉讼标的的观点，如果按照实体法学说的话，这个就很简单，就像我刚才的回答这样就可以了。但如果按照诉讼法学说的观点，那遮断效就太宽了，法院一旦判决就很容易使后诉成为重诉。王老师最后讲的案例，法院也很为难，他这样起诉当然属于重诉，他实际可以选择别的理由去起诉。王老师还提到一个问题，就是法官在审理中没有行使释明权是否属于程序的瑕疵呢？但实际上，这个当事人也没有予以主张，在证据学中当事人是负有主张责任的。因此，在这个案件中双方都是有责任的，当事人在这种情况下不得不提出了一个重诉，但实际上他是可以以另外的案由来起诉的。但当事人不懂法律，法官是懂法律的，应该知道退货时有一个设备磨损的问题，在该案中法官应该行使释明权。为什么该案一直悬而未决呢？这确实是一个棘手的案件，但我认为，有很简单的处理方法，就是裁定驳回，第二次起诉是重诉，其已被前诉判决的效力遮断，没有诉之利益。当然并非磨损费这个钱就一定拿不回来了，你们可以下去思索，我们也可以再讨论，路总会有的，法律总会给你提供救济途径的，只是看你能否想到。今天的主持人已经跟我说了，不能喧宾夺主，所以我不多说了。总之，今天晚上的讲座让我有种振奋的感觉，因为连王老师都知道我小李龙在搞诉讼标的，我感到很荣幸，谢谢大家！（掌声）

李祖军：非常遗憾，本来我们期望李龙老师给出一些批评，结果他倒是给了不少的花言巧语！（笑声）好了，下面我们来听听徐昕老师有何高见，大家掌声欢迎！（掌声）

徐昕：刚刚李龙老师说，法律总会给权利人提供一个救济途径，我想未必，而当法律不能给权利人提供救济途径时，我们找龙哥（指李龙老师）通过私力救济也可以帮他搞定。（笑声）

刚刚主持人介绍了王亚新先生，我还想稍微作一些补充。前天王老师在沙坪校区作了一个讲座，我在评论时，称王老师为中国诉讼法学界少数的几位思想家之一，由于龙校长在场，我顺便也把他“吹捧”了一下，说他也是。王老师和其他一些学者刚刚出版了一本新书——《程序运作的实证研究》。这本书是他近年来推出的一本非常有深度的著作，该书中许多文章在一些重要的法学期刊发表过。他收进书中的每一篇文章，我几乎都读过了，而且读得很认真。这本书非常值得看，它代表了王老师的研究路径。而他翻译的书当中，还有两本非常重要，一本是棚濑孝雄的《纠纷的解决与审判制度》，另一本是滋贺秀三等人的《明清时期的民事审判和民间契约》。王老师在日本呆了十几年，1998 年回到清华后不久又出国了，2002 年回来后做了一项非常令我佩服的工作——实证研究，他跑了全国几十个法院。非常幸运的是，我曾经最早跟王老师一起到广东、贵州、武汉等地进行调查，收获很多。王老师研究方法的一个主要特点，就是用社会学方法来分析法律现象和法学问题，他特别关注现实，关注中国。据我所知，在日本较早在法学领域取得终身教职的中国人有两位，一个是季卫东教授，另一个是王亚新教授。（掌声）王亚新先生为什么放弃日本的教授职位而回到中国？就是因为他特有的问题意识，他关注中国现实，关注中国转型时期的许多现实的问题，他认为只有回国才能做田野调查这种研究，而且有可能发展出一些非常有价值的理论，从而最终在理论上作出贡献。

这是好话。而可能由于前天的批评有点激烈，刚刚王老师演讲中也曾经提到，所以今天我就不批评了。但还是可以联想，人类世界，不能失去联想！对于王老师的讲座，我想提出一个印象，两个联想。

不过，在此之前我要先批评一下会议的承办者。第一，王老师讲了半个多小时，渴得不行了，才发现讲台上没有水，你们是不是想让王老师的演讲和理论成为无源之水呀？第二，王老师的演讲讨论了司法实践的问题，而你们也似乎想让其脱离“司法实践”，比如，会议的主办方只写了科研处，而居然没有写我所主持的西南政法大学司法研究中心，要知道，王老师是我们研究中心邀请过来的啊。（掌声）

一个印象是，对王老师讲座前半部分的印象，觉得和我们读大学时吃包子的感觉有点差不多。（笑声）第一口吃下去的是馒头，第二口吃下去的是花卷，第三口吃下去才有点像是包子，才是我们最想吃的那部分。我觉得，前面讲得长了一些，烦琐了一些。但后半部分，我的印象是，非常精彩，对我很有启发。刚刚李龙老师从案例分析的具体角度谈了很多观点，但我觉得王老师是“项庄舞剑，意在沛公”，他的主要目的不是分析案例，正如他所说的，结果是不重要的，过程才是关键。我的理解是，他希望通过案例分析来发展理论，提出一些有关理论、学术的基本问题。

我有两个联想，一是理论与实践的关系问题，二是知识社会学的问题。理论与实践有什么关系呢？刚刚讲了很多理论，诉讼标的、既判力等，但我有一个问题很疑惑，就是不懂这些理论的法官怎么去裁判？刚刚王老师提到一些，但我们必须看到中国的现实。中国的现实是，法官的素质仍然不高。而且，中国大部分地区都是农村，还很落后，中国作为一个乡土社会的基本状况没有多大改变。我和王老师到黔西南调查就深有体会，黔西南一个基层法院的某派出法庭只有两个法官，连组成一个合议庭都不可能，却管辖着近百平方公里的土地，他们怎么可能知道或者使用诉讼标的、既判力的概念呢？而且在中国，用王老师的话说，这种无须理论、依靠裁量审理案件的方式有着千年的传统。英美法系有一个重要的概念，叫做法官的固有裁量权，即法官审判案件所固有的、自由裁量的权力。我和王老师私下曾经谈到，我个人看过不少资料也有这样的体会，英美法中并没有像大陆法的诉讼标的、既判力、诉权等这样精巧的理论，但为什么他们的法官照样可以很好地判案呢？这涉及一个重要问题，理论为什么被需要，何时需要，谁需要？究竟是谁需要理论，是实践需要吗？在我看来，实践当然需要理论，但理论的最大需求者是理论家本身。实践家、法官没有理论，照样可以坐堂问案，判定是非；而理论家没有理论，就没有饭吃，就会失业，会失去光环，就没有吸引力。所以，学者们的确希望有很多很多的理论来支持我们成为所谓的知识专家。

进而，我们究竟需要什么样的理论呢？刚刚王老师和李龙都说了，诉讼标的、既判力、证明责任、诉权等都很重要，而且在日本，这些理论也的确发展得很精巧、很系统，但应当承认，这些理论在实践中的运用确实很少。当然，我不是说这些理论就不重要。但有一个疑问，刑事诉讼法和行政诉讼法的人为什么不去研究这些问题呢？为什么法学其他学科对这些问题关注得很少？为什么这些理论与其他一些法学理论很少沟通，与其他社会科学理论就更是无法对话呢？这样就提出一个值得我们思考的问题，就是我们要研究怎样的理论？如果纯粹研究老百姓看不懂、在判决书中用来“糊弄”当事人的理论，那么，实务界的一个说法就可以说是非常有道理的：实践必须脱离理论。当然，这话说得可能过了一点，但我认为从某种意义而言是有道理的。学者们不要把自己的理论太当真了，我们不过是一介书生而已。

我的第二个联想是，王老师讲了一个知识社会学的问题。学术和理论研究实际上存在一个需求与供给的关系。实践对理论的需求其实是很弱的。但与此同时，我们却看到现实中的学术研究非常繁荣，每天都会出版很多书、很多期刊，发表很多文章。不过，这却是一种虚假的繁荣，供给过度。为什么会出现虚假的学术繁荣呢？其激励是什么？我认为，学术创作的激励主要来自理论家自身，他们为了评职称、评教授、评博导、评院士必须大批量地制造各种文章，数量、字数比质量更重要。当然，这是一个评价机制的问题，是一个体制性问题——现在的体制可以说是一个“逼良为娼”的体制，不发够多少篇文章就不能评教授。（掌声）这样一种需求与供给的关系，这种激励机制的扭曲，用经济学方法来分析是很有趣的。

由此，我联想到王老师所说的推动案例向判例的发展。今年10月27日，最高人民法院刚刚发布了“二五改革纲要”，其中一项非常重要的改革措施，就是要建立、规范和完善中国特色案例指导制度，建立指导性案例的编选标准、编选程序、发布方式、指导规则，统一司法尺度，准确适用法律。这表明我们想学习英美判例法的做法，王老师的分析也可能有这方面的目的。但我要提醒大家的是，在借鉴判例法制度的同时，必须看到大陆法与英美法的区别，包括文化、历史、传统等方面。判例法产生的背景、文化、历史，不少大陆法国家试图移植英美的判例法制度，但基本上，或者至少尚未取得完全的成功。从一个角度来看，即从经济分析的角度来看，英美法对于判例制度具有一种很强的激励机制，因为法官所撰写的判决理由可以流传后世，成为有约束力的规则，因此英美国家的法官有很强的激励来写好判决书，他们会用最好的笔墨认真地撰写，甚至还可能在判决书中作诗一首。但大陆法系的法官对于判决书的撰写没有太强的激励。这就是我的一些印象和联想。谢谢大家！（掌声）

李祖军：徐昕教授作了一个非常精彩的点评。下面我简单说几句，不然就没有问题，我本来还准备了一些美言的话，但既然前面两位的点评多是赞誉，这里就免了吧。

我要提一个真实的案例，刚才王教授讲的案例，其实在我们重庆就真实地存在。案情非常简单，原告向被告要货款，要求数额、送货时间、地点等非常清楚，九龙坡法院很快就下了判决。但在判决后，被告以利息的计算以及一些账目为由提出上诉。而就在上诉进行的过程中，被告又在某基层法院单独以产品质量提出了一个新的诉讼，还涉及损害赔偿问题，该基层法院在审理过程中请求前诉的二审法院先不要下关于货款的判决。此时，我们就要回答，这样一个案件它能不能分开来起诉？刚才亚新教授和李龙老师都没有给出明确的回答，它就在现实中存在，而且都已经起诉到两个法院。这是第一个问题。第二，如果在一个案件中原告已经就货款问题起诉，被告是否必须要在同一个诉讼中提出产品质量的问题，如果没有提出来，是否就丧失了一个再起诉的权利。这也是一个非常专业的问题，而且我国目前的民事诉讼法和实体法都没有明确规定。还有一个问题是，刚刚亚新教授讲过了，欠条对管辖权进行协议的问题，它是不是一个协议呢？也就是一方当事人在欠条上签字，另一方接受，它是否就是一个协议？

我认为，一个单方面的东西，不仅是不明确，而且没有另一方当事人的签字，本身它就不是一个协议，如果认为另一方当事人默认，这恐怕是一个问题。它拿到欠条后没有提出异议，这只是一种默认，但默认不构成一个管辖协议。所以王老师所强调的这个协议不仅是不明确的问题，而是根本就不是一个协议。认为当事人默认欠条就构成协议，是违背现行法律规定和司法解释的，因为这种默认不能构成中国国内民事诉讼中的协议。

这是几个问题，作为主持人我不想耽误太多的时间。总之，今天这种类型的讲座是非常少的，我们讲案例也有很多年了，自认为还算比较善于讲案例，而我们讲案例可以活跃气氛，贯穿教学内容，引申若干对理论、对实践、对人生的看法，等等。但像王老师这样以讲案例的方式来做讲座确实比较新颖，此处我就不多说了。下面我们欢迎亚新教授作出回应，因为问题不多，他主要是进行一些归纳、总结和引申。大家欢迎！（掌声）

王亚新：本来我还期待大家给我比较猛烈的批评，可能因为我在老校区受到了激烈的批评吧；但我今天虽然是“赤膊上阵”，结果却没有太多批评。关于李祖军老师讲的第一个案例里是否协议管辖的问题，我可能在开始时讲得不是很清楚，事实是供货方拿到欠条后自己到法院起诉，还不仅仅只是一个默认，他是用行动来主张，这就是我们之间的协议。这一点不知司法解释是怎么讲的，我和李老师私下再沟通吧，这个问题就讲到这里。而我要再发挥什么也发挥不出来了，能讲的我已经讲了，不是茶壶里煮饺子倒不出来，而是连底都倒干了。（笑声）这样吧，我看大家很热烈，也很辛苦，教室很小，座位不多，大家站了很长时间，我很感谢大家的热情，我给大家一个机会，也给我自己一个机会，进行一下交流，有什么问题你们可以提出来！

同学提问：

同学甲：王老师您好！您的讲座中提到法律教育以及理论的需求和回报问题，我想问，您怎么看待学习或研究法律在实现个人目的，如赚钱，与推动司法公正以及促进法治建设的双重目的之间的关系呢？

王亚新：在讲座中我提到学习研究的回报问题之类，这些我们既可以理解为半开玩笑，也可以理解为就是现实本身。但刚刚这位同学却提出了关于我们学习研究另外的一种目的这个重要问题，就是我们还应该有对司法、正义所具有超越性价值的信仰和追求，我们才能够学习法律、研究法律，才能够聚集到这里来讨论法律。这个维度我是非常赞成的，而我相信也是很多老师和同学都在学习和研究中强调的。但是，我在不否认而且高度尊重这种价值的同时，今天做讲座时却没有刻意去强调它，这是我要澄清的。而且还要说明一点，就是在市场经济的条件下看起来社会的整体道德水平在下滑，很多糟糕的事情都司空见惯，这种情况下我们强调一种道德的崇高，强调一种超越是非常必要，也是非常美的。不过，如果我们仅仅停留在愤世嫉俗的层次，光是期待在这种精神性的崇高里获得一种制度建设的进步或者一个民族的进步却是非常困难的。换句话说，如果仅有纯粹精神的东西，而没有一定的制度和实践，包括理论上的实践机制，真正的社会进步仍然是很难想象的。超越性的精神性的价值确实值得尊崇，但作为社会科学的角度来讲，这主要还是法律伦理学讨论的东西，或是法理学中的部分内容，而不一定容易成为我和在座三位老师在研究中必须讨论的东西，当然我们私下里可以讨论，但这里我不讨论并不是否认，这是我要说明的。

同学乙：王老师，今天您讲的是案例分析的方法与学理，我可能缺乏一种总体的把握，我想问一下具体的问题。一是您说指定管辖像是国外的法律审或叫程序审，但我认为法律审或叫程序审是发生于当事人之间的，而我国指定管辖是发生于法院之间，它更像是法院内部的申报制度。第二个问题是，我国最高法院的司法解释是立法吗?

王亚新：第一个问题，我只是说指定管辖在外观上已经有点像是国外的法律审或叫就程序问题进行的上诉审，但它当然不能等同于那种制度。而且纠正一点，管辖权争议总是先发生于当事人之间，法院只是一个中介。第二个问题，我国最高法院的司法解释在理论上不是立法，但实际中它却比立法更管用。

下面我们先来回答几个书面问题，再来接受口头的提问。

第一个书面问题是，刚才您谈到从案例到判例的过程，您是否很重视个人决策的作用，请您深入谈谈。

我是比较强调个人决策的作用，因为我不是领导，也没有任何行政官职，所以就谈不上公共决策，而只能是私人决策，这是第一点。第二点就是我对无数的这些私人决策的综合作用怎么看，就像我刚才讲的意思那样，并不是所有人都涌向某一个热门的领域，扎大堆随大流，才能对制度建设产生综合性的很大的作用，越是跟风随大流，对于制度建设的作用就越有限。垮起来往往一塌糊涂。而且即使出现这种情况，社会自身也会有它的校正机制。这种很复杂的集合结果是很多学科都在研究的问题，如果展开来谈确实困难。但对你的问题也许可以这样说，私人决策对个人而言往往就是一切，但就所有的私人决策集合的结果而言，它不过是推动历史曲折发展之长河中非常微小的一朵浪花，不过每一朵小浪花都有其意义。

下一个问题是，王老师，你认为法官裁量是否属于法官造法的范围?

刚才我们讲了，徐昕老师也讲了，法官裁判中一定的裁量是必要的，就像刑法规定某种犯罪要判 3 年到 5 年，这就需要裁量。而古代不是这样，每一种犯罪根据不同情节都有非常严格的法定刑，但到了现代，就变成了根据裁量的量刑。当然也有取消裁量的主张，像美国就曾有过试验，把所有需要裁量的指标全部量化，作几百个指标输入电脑，而后由此进行量刑，但这些尝试好像都不太成功。所以，裁量对于司法是绝对不可避免的，在一定场合是必要的。但是，我们也不要忘了，裁量是行政的根本性质，却不是司法的根本性质，司法最根本的内容还是法律推论和逻辑推理，是适用法条。说得再极端一点，典型的法律推理就是三段论，先有法条大前提，后有事实小前提，再出来结论，而不是可以随意决定，随意判断的。

下一个问题：王老师，您认为我们推动从案例到判例的转变还需要做些什么?

其实我们刚刚还提了另外一个维度，徐昕老师也提到了，就是我们为什么要搞判例?我们不搞行不行呢?的确，我们也许在很长时间内都搞不成西方那样的判例，但我自己认为还是要推动判例制度在中国的形成，不管它称为“案例指导”还是其他名字。你问我们能做什么，因为我不是公共决策的直接参加者，不能直接建立判例制度，而且即使是有一个公共的决策明确说我们现在就搞，也未必就一定搞得成。这涉及很多复杂的社会背景和制度性的条件。这里我只能先解决自己能做什么的问题，而不能指挥别人，也就是私人决策的问题。对同学们而言，则可能要先弄清楚什么是案例、什么是判例，当然你们可以看一下武树臣老师编《中国判例制度研究》一书，厚厚的上下两本，图书馆里都有。

同学丙：王老师，您好。我最近看一本研究日本社会的著作，叫做《菊与刀》，它提到日本人的两重性格。我想问，你在日本这么久，你怎么看待日本人的性格以及日本的生活方式和文化呢？

王亚新：你的问题有点知识性和趣味性，不过今天在这里谈这些似乎有点跑题，但大家既然感兴趣，我还是回答一下吧。你读的那本书的作者本迪尼克是人类学的大家，她一生没有到过日本，以前研究的领域也不是日本，而是太平洋上的一些热带小岛的部族生活。但是为了配合美国军方即将进行的占领日本的工作，她才开始研究日本人想什么、日本人的性格是什么等问题，而且主要只凭书面的材料就写出这一世界名著，直到今天还是社会学人类学的经典著作之一。这位女学者从没有到过日本，却能作出这样的成就，因此可以说她是所有在座女生的楷模。

讲到日本人的性格或文化，其实很简单，有两个方面。一是人其实都一样，日本人中也有各种各样的人，有好人有坏人，就像毛主席所讲，凡是有人群的地方都分左中右。人都是一样的，用不着把日本人看成非我族类，看成怪怪的，这是第一点。第二点是，日本人的确非常“抱团”，富有凝聚力，而且其社会内部确实有看不见的严格等级，文化上就是说下级要为上级作出牺牲，要绝对服从，相反上级要爱下级，等等。这听起来有点像我们的孔孟之道，但这是日本独有的，换句话说，孔孟之道在中国强调的是“孝”，而在日本强调的是“忠”，所以日本强调上下级的关系，而中国强调小家族以及个人，因而中国也并不是什么集团主义。但中国有中国的好处，中国虽然看起来一盘散沙，但文化比较大气，缺点是不太在乎小的细节，有点马马虎虎；而日本人则相反，会显得比较小气，不过细节上很讲究和精致。在与日本人的相处上，我认为我们的问题还是没有富强到有一种自信，能够把他们看成同样平常的人群。

同学丁：王老师，我想问我们促进案例向判例的转化的正当性何在呢？它的正当性到底来源于法学院的需要还是实务中的需要？

王亚新：这的确是一个高精尖的问题。你提到一个正当性问题，很多同学也许会感到模糊，这其实是我经常用的一个概念，这个概念在我的思维中是，只要这个社会接受它就具有正当性，我没有考虑超越的东西，这个概念是一种客观描述。就像在伊斯兰国家古兰经就是法律，法官凭着古兰经判案，这就具有正当性。而在美国，只要是最高法院几个大法官作出的裁决就具有正当性，例如布什和戈尔在选举中因为选票数不清楚而发生争议，只要最高法院一下判决，争议就结束了。而在中国，所谓的正当性是反复博弈的结果，例如对于诉讼的结果，什么时候当事人不上访告状了，什么时候结论才真正有了正当性，如果不断存在争议，那么它就是缺乏正当性的，至少其正当性是不稳定的。我的正当性概念就是这样。所以，此处你问我中国的正当性何在，我只能说一个制度确立后会有一片喊好声，它就是正当的，当然这样的正当性在一个多元化的社会里会有一些问题。这就是理论需要重建的地方，再讲就太复杂了，我就不能往下解释了。只能说在我看来，目前无论法学院还是法院，都正在努力参与建构中国的判例制度这一过程，至于其正当性的建构能否成功，则还要看今后实际的发展。

再回答最后一个书面问题：您刚才举例说五个人扔石头砸伤他人是共同侵权行为，但王利明教授主编的《侵权行为法》认为这是共同危险行为致人损害的行为，你有何看法？

这个同学的提问可以有两种解读，一种就是该同学混淆了两个概念之间的关系，诉讼上作为同一诉讼标的共同侵权行为和实体法上所谓共同危险行为致人损害是可以通约的，而这位同学似乎认为两者是绝对不可以通约而相互抵触，这显然是不对的。当然，这是一种带点“恶意”的解读。而另外一种比较“善意”的解读是，这个同学提出了一个重要问题，即实体法上和程序法上概念的关系问题。大家知道，我们的民事诉讼法和民商实体法有着紧密的关系。同学们一定要有一个意识，在实务中程序法和实体法是一个整体。我们不能像一个古代笑话讲的那样，说一个将军打仗受了箭伤，找外科大夫来却只是剪下露在外面的箭杆，并说，我是外科大夫，剩下的事你去找内科，肉里的箭头不归我管。这就麻烦了。如果我们不注意实体法和程序法的关联，就会在实践中寸步难行。我们一定要注意培养这样的观念。还有一个例子，程序法上有一个当事人能力的概念，这对于诉讼法和实体法都是一样的，始于人的出生，终于其死亡。在诉讼法上有时叫做诉讼权利能力，而在民法上叫民事权利能力，二者是一回事。但是诉讼法上的诉讼行为能力与民法上的民事行为能力在内容上却有微妙的区别。我们对这些关系必须非常敏感。这个同学还可以继续思索这方面问题。最后我要感谢这位同学提出了这个非常精彩的问题，使我的回答也上升到一个稍微带点理论性的高度。谢谢大家！（掌声）

王利明（中国人民大学法学院教授）

民法案例分析的基本方法探讨

萨维尼曾谓："解释法律，系法律学的开端，并为其基础，系一项科学性的工作，但又为一种艺术。"[①] 长期以来，在民法案例的分析中，我国一直缺乏一套规范、严谨的分析方法和思维，每个人都根据自己的学术背景、思维模式来分析案例，欠缺一种规范的分析方法。在实务中，有一些法官常常是先确定了事实，然后就直接确定结论，其后为了支持结论再去寻找一些法律依据；也有的判决中，事实清楚，法律的适用也是正确的，但是没有对事实和法律的适用的连接点分析；还有的在判决中，常常从事实就直奔结论，判解缺乏推理过程，逻辑的三段论不能得到运用。这种状况表明逻辑三段论和民法解释学等方法在实务中未能得到广泛的认可和采用。由于缺乏统一的法学方法作为共同基础，这也导致在讨论时语境上的差异和沟通上的隔阂，并影响了法律人才的培养。因此，探讨正确严谨的法律思维方式，掌握民法案例分析的基本方法，对于有效约束法官的自由裁量，保证法官依法裁判，从而维护法律的安全性，培养合格的法律人才，都具有十

① Savigny, System des romischen Rechts, I, 1841, S, 206. 转引自王泽鉴：《法律思维与民法实例》，212页，北京，中国政法大学出版社，2001。

分重要的意义。

一、什么是民法案例分析的基本方法

我们所说的案例分析方法，属于法学方法论的组成部分，它主要是指，采用一种规范严谨的方法探讨每一个个案，以准确地认定案件的事实和法律。法学方法论有各自的历史背景和学术传统。在英美法系国家，注重归纳法和论题式的思维，往往采用case by case的分析方法；而在以德国为代表的大陆法系国家，强调演绎法和体系化的思维，自从萨维尼创建法学方法论以来，一直采取一种请求权基础分析法来分析案例。尽管分析手段各异，但是都是针对案例而建立的一套比较规范的分析方法。民法案例分析方法，应当具有如下几个特点：

第一，这种分析方法必须具有一定规范性。一方面，它应该是一个统一的方法，适用于不同的案例，而不是每一个案例就有一种方法；另一方面，它并非是每个人自我设计或自我构思的方法。在分析案例中，可能每个人都有自己的思维方式，这些方式方法未必不能有效地分析案例，但是如果没有一套规范的分析方法，就缺乏方法论上的统一性，以至于在讨论问题时出现各说各的现象。同时，每个人各自采纳自我设计的方式就不能形成正确的思维。目前我国有各种各样的案例分析，每一个都是按照自己的学术背景、思维模式去进行分析，欠缺一种规范的分析方法。它也就决定了在中国研究案例分析的方法，其意义非常重大，对于培养法官、法律专业学生正确严谨的法律思维极为重要。

第二，案例分析方法不仅是一种案件事实的分析方法，同时也是法律解释的工具。也就是说，案例分析工具主要不是一个证据的分析和运用的过程，不是单纯确定客观的事实，而更重要的是它是为了确立一种法律上的事实，一种符合法律构成要件的事实，也就是确认三段论中的小前提。并且，在这个分析过程中，最重要的环节是法律的适用，也就是如何使小前提符合大前提，这样就必须对适用的法律（即大前提）进行解释。所以，案例分析是一个事实认定和法律解释的过程。例如，甲委托乙购买“飞鱼”牌家具，乙听成是购买“飞翼”牌家具，而甲和出卖人丙也曾有过接触，告知丙要委派乙购买家具。因为乙购买的家具不符合甲的要求，甲必须接受。在这个过程，不仅仅需要对多项法律事实进行分析，而且更要对表见代理、授权不明等概念进行一种解释。

第三，案例分析方法需要遵循一定的逻辑思维结构。例如在请求权的基础分析方法中，无论遇到什么类型的案例，其思维的步骤和程序是固定的，这也决定了案例分析方法是法律人驾驭复杂的法律关系，以简驭繁的有力工具。司法裁判的三段论过程中可以具体体现为各种分析方法的运用，例如，请求权基础分析方法指的是通过对事实（小前提）的整理与说明，通过对法律（大前提）的解释，建立起大前提与小前提之间的联系，是三段论推理过程中的一部分。但这种方法其实是形式逻辑在法律思维中的运用，在运用过程中，它必须与法律解释方法相结合，形成自己独特的分析方法。即案例分析方法既要考虑逻辑思维的三段论，又要和法律的解释方法结合起来，形成一套自己独特的方法。比如在前面的例子中，经过请求权检索以后，要确定甲是否应当对乙的行为承担责任。这就涉及对解释方法运用的问题，这是一个很有意思的现象。如果对授权行为完全按照文意解释的方法，只要我对你作出的授权的意思表示到达了相对方，那么这个授权就是清楚的，如果代理人因为理解错误而从事别的行为，就转化为越权行为，出现这种情况，就需要用另外一套法律规则来解决。但是如果按照目的性扩张的解释方法，法律设定代理制度在很大程度上就是保护交易第三人，就对上述法律事实作另一种解释，不适用无权代理，而应按照授权不明论处，直接由被代理人承担责任。可见，采取不同的解释方法会导致不同的结果，因此必须将逻辑分析方法和法律解释方法相结合来分析案例。

第四，方法论在各个部门法中的应用是各不相同的，我们所指的解释方法是指民法解释的方法。法学应有总的方法，但这种总的方法应用到各个部门法中又有所区别。比如说关于对法律解释的方法。因各个部门法的规范对象不同，所以法律解释方法也有所不同。如在刑法上基于罪刑法定原则，主要采取文意解释的方法，而不能对刑法条文任意进行扩张解释，否则违背罪刑法定原则。所以探讨法律解释方法，应该指的是各个部门法所特有的一种方法。所以，我们说的法律解释方法是指一种民法的解释方法，案例分析法是民法的解释方法的具体运用，案例分析法是与民法解释方法紧密联系在一起的。

方法在古希腊语中，有“通向正确的道路”之义。法学之所以成为一门独立的学科，很大程度上取决于其自身具有一套独立的方法理论。方法比知识更为重要，因为方法是获取知识的重要手段，所谓法学知识可以看作是法学方法展开的结果，这就不难理解为什么大陆法系的理论认为，从广义上讲，民法学就是民法解释学，二者为同义语。[①] 现代法学理论中，法学方法逐渐从法学知识中分离出来，成为一门独立的关于方法的学问。德国一般称

① 参见梁慧星：《民法解释学》，序言，北京，中国政法大学出版社，2000。

之为"法学方法论"，日本一般称之为"法解释学"，但其研究对象实质上大体一致。采法学方法论的概念更为贴切，因为法学方法涵盖的范围更为广泛，包括法源论、法条论、法解释论、法体系论等，还包括法律事实认定的方法，可见，法学方法的理论是围绕着法律适用的过程和司法"三段论"的模式展开的。法学方法对于司法裁判、法律适用具有重要的意义，这也是法学作为一种实践理性的体现。可以说，法学方法的核心就是法律适用和法律解释。法学方法与案例分析的方法也具有密切的关系，二者相互渗透，不可分割，法学方法不可避免地涉及案例分析的问题，本文介绍了案例分析方法的两种利器，即法律关系分析的方法和请求权基础分析的方法。

正确运用案例分析方法，对于保障司法公正具有重要意义。案例分析方法的展开其实就是运用形式逻辑三段论的过程。形式逻辑三段论在司法中的运用可以说是近代法治的产物，它遵循了判解的说理性，使法官的思维过程得以在判决中展开，同时也使当事人能够了解判解结果的形成，从而增强裁判结果的权威性和说服力。三段论就好像是判决中的程序规则一样，维护了法院的裁判权的正当性，并对裁判权作了必要约束，以免滥用之虞。可以说，三段论在司法中的运用是法治文明的组成部分。正确运用案例分析方法，有助于限制法官恣意裁判，保证法律的安定性。法律推理本是一个演绎过程，采取三段论模式：大前提是"找法"，即寻找应当适用的法律规范；小前提是确定案件事实；最后以法律为依据，以事实为准绳，将抽象规范适用于具体案件，得出结论，即判决意见。但在一些中国法官那里，它却变成了一个"自下而上"的错综复杂的工程，首先确定判决结果，然后在法律条文和案情证据的丛林中殚精竭虑地寻找论证的路径，这就是学者所谓的“被倒置的法律推理”。在这个过程中，判决结果不是法律推理的产物，而是法律推理的指南。至于这个判决是如何被首先确定的，却是一个黑箱。[①] 因此，法学方法的确立有助于约束法官的自由裁量权，保证其依法裁判，从而维护法律的安定性，促进法治的实现。

正确运用案例分析方法，要求加强判决的说理性，法官不能仅仅凭个人的法感断案，必须正确运用案例分析方法，采取循序渐进的方式，才更可能达到以普遍或平等原则为基础的公正。法学分析方法体现了法律的形式正义，使得司法成为一个技术性的过程，裁判的技术化、形式化，使得判决书的公开和监督成为可能。判决书是裁判方法和思维方法的最终成果和物质载体，司法改革的一个重要内容是增强判决书的说理性和透明性。判决书公开使得法官的推理方法和论证过程受到公众的监督，以保障司法公正。由于法学方法和案例分析方法采用标准化的程式，运用该方法也可以增进法官思维的明确性，简化思维的过程，避免分析案件的思维误区，从而使得司法裁判更具效率，并且保障审判的质量。例如，法官面对一个新的案件不必考虑从何处下手，只需按照分析方法指引的步骤操作即可。因此，有学者称，案例分析法可以与流水生产线相比拟，使生产效率在数量上和质量上都大为提高。[②]

法学方法是民法理论的活的灵魂，民法学就是民法解释学，表明法学方法论的基础性建构作用。探讨案例分析的方法对于有

---

① 参见王涌：《被倒置的和被省略的法律推理》，载《法制日报》，2000－02－27。

② 参见张玉卿、葛毅主编：《中国合同法比较法案例分析》，北京，中国商务出版社，2003。

效地沟通理论和实务，为理论的发展提供素材和动力，指引和规范司法裁判的实务操作具有重要作用。案例分析方法对于法学教育具有重要意义，有助于培养法律人的思维能力，提高其专业素质，促进法学专业共同体的形成。王泽鉴先生认为，请求权基础的寻找，是处理实例题的核心工作，请求权基础是每一个学习法律的人必须彻底了解、确实掌握的基本概念及思考方法。① 作为基础的思维方法，法学方法是每一个法律人入门的必修功课，它有助于培养法律人共同的学术思维和话语，排除对话和交流的障碍，不至于出现思路迥异、各说各话的现象。正如一些德国学者所说的，法学方法论提供了一个制造合格的法律人的流水线。

二、案例分析的两种基本方法之一：法律关系分析法

（一）法律关系分析法概述

所谓法律关系分析的方法，是指通过理顺不同的法律关系，确定其要素及变动情况，从而全面地把握案件的性质和当事人的权利义务关系，并在此基础上通过逻辑三段论的适用以准确适用法律，作出正确的判决的一种案例分析方法。

所谓法律关系是“由法律规定的生活关系”② 即法律规范所调整的那部分社会关系。社会关系是包罗万象、复杂多变的，其中并非所有的社会生活关系都由法律调整而形成法律关系，法律仅是截取有法律干预之必要的那部分社会生活，构建成法律关系，

---

① 参见王泽鉴：《法律思维与民法实例》，50页，北京，中国政法大学出版社，2001。

② ［德］梅迪库斯：《德国民法总论》，50页，北京，法律出版社，2000。

塑造为法律秩序。

法律关系的分析方法即是以法律关系为基础的一种法学方法。法律关系的分析方法是法学最基本的分析方法和分析框架，不仅适用于对案例的分析，而且适用于民法体系的构建。德国民法的潘德克吞体系就是严格按照法律关系的内在逻辑展开的。其总则—分则模式：总则分为权利主体、权利客体、权利的变动、法律行为（变动的原因）；分则为法律关系具体内容的展开，即各种法律权利。法律规定，无论其范围大小，总不外乎法律关系，而法律关系之构成，总不外乎上述之要素，整个民法的内容，不外乎法律关系之主体、客体、权利义务及其变动和变动的原因，民法典每一编及每一特别法的内容，也不外乎此，不过各有详略而已。[①] 因此，法律关系被德国学者梅迪库斯先生称为“私法的工具”，可见其重要性。所以，确定存在不存在法律关系、判断存在什么样的法律关系、确定法律关系的各个构成要素是什么，是每一个民法学习者在考察法律问题时都应当具备的专业素质，可以说，熟练掌握了民法的法律关系，就能够深入理解整个民事权利的逻辑体系。

在案例分析中有效地运用法律关系分析方法，其优点在于：

第一，在存在多种复杂的法律关系时，能够条分缕析地分析各种权利义务。通过对法律关系的分析和把握，将各种法律关系比分开来，以不同的法律关系确定当事人的法律权利和义务。

第二，排除非法律关系的因素，即在区别法律关系与非法律关系的基础上，将考虑对象聚焦于法律关系。社会规范系统是一个多元的体系，很多生活关系由道德、风俗、习惯、宗教等社会

---

① 参见郑玉波：《民法总则》，63～65页，台北，三民书局，1979。

规范调整，法律并不介入，如民法学说上所谓的“好意施惠关系”、“自然债务”等理论，即揭示出此种社会关系不由法律调整，也不能形成法律关系，不能通过法律渠道予以救济。例如，甲、乙二人素来交好，甲邀请乙到家里做客，此为好意施惠关系，由当事人的私人友谊调整，而不构成民法上的债权债务及违约责任问题。

第三，把握法律关系的要素。民事法律关系的要素是指构成民事法律关系的必要因素，任何民事法律关系都由几项要素构成，要素发生变化，具体的民事法律关系就随之变更。笔者认为，民事法律关系要素仅限于三个，即主体、客体和内容，这是任何法律关系都应具备的，民事法律关系也不例外。而五要素说将法律事实和法律关系变动的原因也包含在法律关系当中，这是值得商榷的。法律事实应当是外在于法律关系的因素，它是将抽象的法律规范与具体的法律关系加以连接的中间点，是使客观的权利变为主观的权利的媒介，法律事实导致法律关系发生变动，但它本身并不是法律关系内在的要素。

第四，把握法律关系的变动，把握法律关系产生、变更、消灭的脉络。民事法律关系都是不断变化、发生的，考察任何一种民事法律关系都应当了解变动的原因及变动的效果，这就意味着必须查找一定的法律事实，但是法律事实毕竟是外在于法律关系的，它是将抽象的法律规范与具体的法律关系加以连接的中介，它本身并不属于法律关系的要素。因为只有考察法律事实之后才能明确其引发了何种法律关系，而在明确了该种法律关系之后已经无须再考察法律事实了。

（二）法律关系分析法的特点

法律关系分析法的特点主要在于通过理顺不同的法律关系，

就是在判断一个民事案例中，首先要确定不同法律关系、法律关系的性质和权利义务内容。其次要确定其要素及变动情况，从而全面地把握案件的性质和当事人的权利义务关系。在此基础上进一步适用法律。这种方法的特点在于：

第一，法律关系分析法首先着眼于案件事实的考察，在此基础上适用法律，把案件事实分析与法律适用作为两个步骤。请求权基础方法侧重探究请求权的规范基础，注重将事实与法律结合起来考察。

第二，它是对法律关系三要素的全面考察，而不仅仅对法律关系的某一特定内容，即请求权的考察。而请求权基础的分析方法则是通过考察当事人主张的请求权，探究其法律基础和事实依据，其考察范围限于与请求权相关的法律事实和规范基础。采用法律关系分析方法，可以高屋建瓴地分析各种法律关系。一种法律关系中，可能有多个权利，而不仅仅包括请求权。

第三，法律关系的分析方法是法学最基本的分析方法和分析框架，它不仅是一种案例分析的方法，而且适用于法学研究和民法体系的构建。法学的考察对象即是特定的法律关系，任何法律问题不外是法律关系的分析与综合。请求权基础的方法是更侧重于对案例进行分析的方法。

（三）法律关系分析法的运用

法律关系分析法的运用可分为两个部分，第一部分是考察案件事实所涉及的法律关系，这又具体包括四个步骤：

1. 明确争议点及与其相关的法律关系。即明确争议的核心关系，围绕该核心关系还有哪些“有关联的法律关系”，二者关系如何。例如，争议的焦点（核心关系）是无权代理行为是否有效，围绕该争议点可能涉及授权关系是否存在、相对人是否成立表见代理关系等“有关联的法律关系”，然后判断核心关系与有关联的法律关系之间的联系，例如授权关系的有因还是无因等。

2. 确定是否产生了法律关系。如好意施惠关系，由当事人的私人友谊调整，不构成民法上的债权债务关系，应当排除在法律关系的考察之外。再如，朋友亲戚相聚交谈、邻里之间相互串门等也不产生法律意义。如果根本就没有产生法律关系，则剩余的问题无须考虑。

3. 分析法律关系的性质。如分析其究竟是合同关系、侵权关系、无因管理关系还是不当得利关系。确定不同的法律关系的性质对于确定当事人的权利义务影响很大。

4. 分析考察法律关系的各要素。即考察法律关系的主体、内容、客体。

第一，确定法律关系的主体。首要的就是解决法律关系的主体、法律关系涉及的人的范围、在哪些当事人之间发生等问题。在具体民事法律关系中，一般都要有双方或多方当事人参加。如需要确定谁向谁主张权利；是否与法律关系发生直接的利害关系；是否具有适格的诉讼主体资格等。尤其是需要确定具体的主体是谁，因为民事法律关系的每一方主体可以是单一的，也可以是多数的。例如，在债权关系中，债权人和债务人每一方都既可以是一个人，也可以是几个人。第二，确定法律关系的内容。民事法律关系的内容是指民事主体的权利和义务。这种权利义务内容，是民法调整的社会关系在法律上的直接表现。任何个人和组织作为民事主体参与民事法律关系，必然要享受民事权利和承担民事义务。法律关系的内容是当事人的权利、义务，权利义务决定着当事人之间的关系类型，明确权利义务的性质、效力、行使对于分析案件具有重要意义。例如，债权为对人权，具有相对性，只能在当事人间发生拘束力，原则上只能对相对人主张；物权为对世权，任何第三人的侵害皆产生排除妨害及侵权责任。再如，支配权以权利人单方意志即可直接实现，权利人得直接使权利发生作用，取得为权利内容的利益；而请求权必须依赖于相对人的行为才能取得为权利内容的利益。第三，明确法律关系的客体。法律关系的客体又称为法律关系的标的，是法律权利和义务的指向对象。例如物权的客体是物，债权的客体是债务人的给付行为，民事法律关系的客体是民事权利和义务所指向的对象。如果没有客体，民事权利和义务就无法确定，更不能在当事人之间分配权利义务关系。

5. 是否发生了变更、消灭的后果，以及考察变更、消灭的原因何在。

考察法律关系的变动：法律关系的变动包括法律关系的发生、变更、消灭。法律关系不是一成不变的，而是根据客观事件以及当事人的意志和行为发生法定的或意定的相应变动，如权利的取得、丧失，权利内容或效力的变更等。

考察法律关系变动的原因：法律关系的变动必有其原因，法律关系之所以发生变动，其原因在于特定的法律事实的发生。法律事实分为自然事实和人的行为，自然事实包括事件和状态，行为包括合法行为、违法行为等。值得注意的是，社会生活中出现的事实，并非都与法律关系有关，并非都能产生一定的法律效果。例如，朋友亲戚相聚交谈、当事人的内心思想感情等，不可能产生法律意义。凡是能够产生一定的法律意义、具有一定的法律价值的事实，都可以成为法律事实。法律事实不仅能引起当事人预期的特定的法律效果，也能引起当事人预期之外的其他法律后果。例如，当事人订立的合同符合法律的强行性规范且不违反社会公共利益时，就能够产生合同法律关系。如果该合同是无效合同，则不引起当事人预期的法律后果，包括法律关系的产生、变更或者消灭。

考察法律关系变动的客观后果，也是案例分析的另一重要方法——历史方法的一个重要特征。考察法律关系的变动过程，其中首先要重点分析关系何时产生；其次考察关系是否发生了变动；最后确定关系是否已经终止。考察法律关系变动的原因具有重要意义，所谓分析案例的历史方法就是依时间次序考察法律事实的变动，从而确定法律关系的变动，最终推导出相应的法律效果，从而得出判决。

此外，法律关系存在的时间和地点也对于案例分析具有重要影响。时间对于时效期间和除斥期间的计算、要约与承诺期间的计算、清偿期的到来、失权的效果等具有重要意义。地点对于清偿地的确定、风险负担、司法管辖、准据法的适用等具有重要意义。

第二个部分是考察法律适用，即：要在第一步确定的案件事实（小前提）的基础上，查找适用核心关系与有关联的法律关系的法律规范（大前提），这一过程就是逻辑三段论运用的过程。上述对法律关系的考察实际上是对事实的客观分析，在确定法律关系的事实之后，进一步探讨法律规范搜寻的问题，即查找适用核心关系与有关联的法律关系的法律规范。在这个过程中，实际上仍应按逻辑的三段论模式展开。不过，在案例分析的过程中，运用形式逻辑的三段论公式，不是首先寻找大前提，而是先确定小前提，即对事实的认定，然后再寻找大前提。因为法官必须首先接触和认识案件事实，对事实有了基本的了解后，才能有目的地寻找法律规范。在确定了小前提后，按照形式逻辑的三段论方式推理，将小前提套入大前提，最后得出结论，即判决结果。所谓“以事实为依据，以法律为准绳”，就是对三段论的推理过程的高度概括。①

法律关系分析方法需要运用逻辑三段论，但绝非如法律适用的机械论者所想象的完全是三段论逻辑的演绎过程，它还涉及大前提和小前提如何连接的问题，而连结点的确定必须有赖于法律解释。在法律适用的机械论者看来，法官好像一个自动售货机，只要把法律条文和法律事实像硬币一样投进去，判决就会像商品一样自动蹦出来，这显然是一种脱离实际的想法。因为法律规范的内涵并非一目了然，法律概念的内涵和外延的边界具有一定的模糊性，法律规范必须经过解释才能适用。而且，法律规范所指引的对象也是不确定的，法律概念的所指和立法本意间可能因社会变迁而不一致。此外，法律认定的事实也只是相对的真实，而非绝对的客观真实。这一切都决定了法律的适用绝非是一个机械的过程，而是需要发挥法官的主观能动性的过程。

在这个过程中，必须保证小前提、大前提都必须是正确的，其结论才可能是正确的。但不是说二者都正确了，结论就一定正确，因为这里还涉及一个二者如何连结的问题。具体来说，首先必须要根据法律关系的性质来判断、搜寻相关法律规范，例如若是合同关系则主要搜寻合同法的有关规定。在此过程中，要区分法律规范的性质是任意性规范还是强行性规范，因为它涉及当事人的约定能否排除法律优先适用的问题。其次，正是在法律规范与法律关系的连接上，有必要进行法律解释，即通过解释来确定某项法律规范能否适用。在法律解释时，要对法律规范的构成要

---

① 参见梁慧星：《裁判的方法》，5页，北京，法律出版社，2003。

件和法律后果进行整体的理解和把握。

法律规范的构成要件和法律后果间连接的密切性越高，其结论的可靠性越大。如果大前提和小前提都是正确的，但是它们之间的连接度很低，或根本不发生真正的连接，则判决结果仍然可能是错误的。例如，甲假冒乙的名义与丙订立买卖合同，丙支付1万元预付款，甲携款潜逃。法官援引表见代理规则判决乙应当承担责任。法官即使认定事实正确，表见代理制度也可以适用，但如本案不符合表见代理的法律要件，则其判决也不正确。

搜寻法律规范，即查找适用核心关系与有关联的法律关系的法律规范。首先，要根据法律关系的性质判断来搜寻相关法律规范，例如合同关系主要搜寻合同法的有关规定；其次，区分任意性法律规范、强行性法律规范。因为如果是任意性规范，则当事人的约定优先，此时以约定作为规范的基础。如果是强行性的规范则必须适用。最后，法律规范与法律关系的连接，此时就进入了法律的解释领域。即某项法律规范能否适用必须通过解释。

法律关系分析法的特点是在运用形式逻辑三段论时，先考虑案件的小前提，即事实，然后再考虑案件的大前提，即法律，但这并不意味着将事实问题和法律问题截然分开。严格地说，法律关系分析法所确定的事实并不是单纯的事实，而是法律意义上的事实。例如关于法律关系性质的界定，本身就是事实问题和法律问题的结合。另外有一些问题很难说究竟是事实问题还是法律问题。比如说，某人开车将孕妇撞伤，究竟撞伤了一个人还是两个人，这不仅是一个事实判断，还是一个法律价值判断问题，因为这涉及对胎儿的主体资格是否承认这个法律问题。在对事实问题进行判断的时候也不能离开法律规定而单纯论之，所以法官在裁判时目光必须在大前提和生活事实之间往复流转。[1]

三、案例分析的两种基本方法之二：请求权基础分析法（Anspruchsmethod）

请求权基础分析法，又称为归入法、涵摄法（Subsumtionsmethod），是指通过寻求请求权基础，将小前提归入大前提，从而确定请求权是否能够得到支持的一种案例分析方法。运用请求权基础分析方法来分析案例，其构造为“谁得向谁，依据何种法律规范，主张何种权利”。依此，解题的主要工作在于探寻得支持一方当事人向他方当事人有所主张的法律规范和依据。有学者将请求权基础的运用称为“找法”，即寻找该请求权的实体法依据，尤其是现行法律依据。[2] 该方法通过考察当事人的请求权主张，寻求该请求权的规范基础，从而将小前提归入大前提，最终确定请求权是否能够得到支持的裁判结论。其考察以当事人的请求权为基础展开，因此首先探讨请求权的基础理论，再探讨请求权基础分析法在分析案例中的具体运用。采取请求权检索方法的好处在于：因该方法逐一检索，因此很少会遗漏请求权；也不会遗漏法律条文的适用；因为在讨论请求权能否成立的时候必然要检索积极要件与消极要件，所以可以发现抗辩权是否存在。

请求权和责任的确定，对请求权进行检索时应当考虑请求权的先后顺序，首先将请求权作为一个完整的体系，在这个体系之

① 参见［德］拉仑茨著，陈爱娥译：《法学方法论》，184页，台北，五南图书出版公司，1996。

② 参见张俊浩：《民法学原理》，84～85页，北京，中国政法大学出版社，1991。

中进行先后顺序的考虑。但这只是一个学理上的方法，是对法官裁判以及法律学人研究案例具有指引作用的操作指南和思维方法，但不是法律明文规定的裁判规范，并不具有强行性。并且，请求权的检索还涉及运用者的角度，作为一名法官、律师或案件的当事人，其在纠纷解决中所处的位置不同，其检索的内容和顺序也各有侧重，有一定区别，也未尝不可。请求权基础分析方法在适用中通常分为如下几个步骤：

（一）判断请求权的性质

首先要判断究竟是确认之诉、形成之诉还是给付之诉。此种方法主要适用于给付之诉，如果当事人提出的不是给付之诉，则没有该方法适用的余地，此时应当采取法律关系分析法。在确定了可以适用该方法后，则应当判断请求关系的主体和内容，即谁基于何种理由向谁提出何种请求，因为这是案例分析的前提。例如，甲请求乙返还借款，或要求乙承担违约责任。请求权基础检索法既是按照三段论的方法展开，同时又穿插了对规范要件满足与否的判断，因此这又涉及了法律解释的问题，所以德国学者认为归入法不是完全的逻辑推理法，主要是一个解释法。而这个解释的过程又必须依靠经典的解释方法，这就是为什么要把请求权检索与法律规则结合起来。请求权规范基础检索法在德国被作为法学方法论，其原因就是因为涉及了法律的解释问题。简言之，判断请求权性质的步骤具体分为：（1）确认究竟是确认之诉、形成之诉还是请求之诉。（2）如果是其他之诉，则应当采取法律关系分析法。如果是请求之诉，则应当采取归入法。（3）判断请求关系的主体和内容。即谁基于何种理由向谁提出何种请求。例如，甲请求乙返还借款，或要求乙承担违约责任。

（二）请求权检索

请求权的检索通常是由于原告虽然提出请求，但并未提出请求权的基础，例如，只是提出赔偿损失，但没有指出是基于什么请求权而提出的。另一种情况是，虽然原告提出了某种请求并指出其请求权基础，但法官仍然依职权对其请求权基础进行检索，即“原告提出事实，法官确认权利”。但在我国，《合同法》第122条规定：“因当事人一方的违约行为，侵害对方人身、财产权益的，受损害方有权选择依照本法要求其承担违约责任或者依照其他法律要求其承担侵权责任。”在提出请求时，原告必须对其起诉案由进行选择。但理论界对原告选择标的存在争议，究竟原告是选择请求权还是选择请求权的规范基础。

但无论如何，原告应当作出选择。

1. 列举原告的请求可能涉及的请求权。例如在无权处分他人财产场合，就可能涉及合同请求权、违约损害赔偿请求权、不当得利请求权等。

2. 确定各种请求权的类型。笔者认为，根据民法的各个法律制度，即根据请求权的基础关系的不同，可将请求权分为如下几类：一是债权的请求权，包括合同履行的请求权、违约损害赔偿请求权、缔约过失请求权、无因管理请求权、侵权的请求权、不当得利所产生的返还请求权。但是赔礼道歉、恢复名誉等责任形式，因本质上不是一种给付关系，不应当包括在债权的请求权中。二是物权请求权，具体包括返还原物请求权、停止侵害请求权、排除妨碍请求权、妨碍预防请求权。三是占有保护请求权，主要包括在占有受到侵害的情况下，而使占有人享有的占有返还请求权、妨碍排除请求权、消除危险请求权。四是人格权和身份权上的请求权，人格权上的请求权，主要是指在人格权受到侵害的情况下产生的停止侵害和赔偿损失的请求权。身份权上的请求权主要包括抚养请求权、赡养请求权等。五是知识产权上的请求权，主要是指知识产权受到侵害的情况下产生的停止侵害、排除妨碍、消除危险请求权等。

3. 请求权分析的逻辑顺序。确定请求权分析的逻辑顺序，即对可能适用的请求权依特定次序进行通盘的检索。民法上的请求权是由一系列不同基础的请求权所组成的体系，这些不同基础的请求权形成了请求权的完整体系，因而确定检索次序，可以避免请求权的遗漏，保障当事人的权益。并且依次检索，优先考虑的请求权往往排除顺序在后的请求权，在确定权利的性质方面具有一定的思维经济性。

民法上的请求权是由一系列的请求权所组成的体系。这些请求权包括合同上的请求权、侵权上的请求权、不当得利请求权、无因管理请求权、缔约上过失的请求权等。这些请求权组成了一个有机的整体，形成一个请求权的完整体系。德国学者梅迪库斯认为，请求权是一个完整的体系，它是由合同的请求权、缔约过失请求权、无因管理请求权、物权请求权、不当得利和侵权的请求权所构成的体系。① 各种请求权在同一案件中同时并存或发生冲突时，应该确定各项请求权在行使上的先后顺序，以形成一种体系的观念。他认为，请求权的顺序也应当按照上述顺序排列，这种观点是不无道理的。据此笔者认为，考察任何一个民事案件，必须要分析请求权的体系，在原则上，请求权的体系应当按照如下顺序来确定：

---

① 关于请求权体系，参见 Dieter Medicus，Burgerliches Recht，Carl Heymanns Verlag，1999，pp. 5—9。

第一，考察请求权的先后顺序应将合同上的请求权作为第一顺序加以考虑，合同作为特定人之间的事先约定的关系，确定了当事人之间的权利义务，只有首先从合同关系着手，才能向其他关系展开，即合同上的请求权与其他的请求权发生密切联系时，应首先考虑使用基于合同上的请求权。①

第二，缔约过失请求权。按照梅迪库斯的看法，缔约过失的请求权与合同的请求权是不可分割的，甚至可以包含在合同的请求权之中，因为无论是在合同的缔结过程还是在合同终止以后，都会涉及缔约过失的请求权。② 笔者认为这两项请求权应当分开。缔约过失的请求权适用于双方无合同关系的情况，而基于违约的请求权乃是以有效合同的存在为前提的。如果存在合同关系，则属于合同责任；若不存在合同关系，可以考虑缔约过失责任。缔约过失请求权仅次于合同请求权，优先于其他请求权。

第三，无因管理请求权。无因管理请求权与合同关系极为类似，都是产生合法占有权的依据，无因管理也常常与合同有密切联系。但合同上的请求权应优先于无因管理上的请求权，因为所谓无因，是指无法律上的原因，包括无法定的义务或约定的义务为他人管理事务。如果管理人和本人之间事先存在着合同关系，管理人是依照约定管理他人的事务，则管理人负有管理的义务，不构成无因管理。所以合同请求权与缔约过失请求权应当优先于无因管理请求权，但由于无因管理本质上是一种合法行为，一旦无因管理请求权能够成立，则不应当适用其他请求权。所以无因

---

① 参见王泽鉴：《法律思维与民法实例》，72～73页，北京，中国政法大学出版社，2001。

② 关于请求权的顺序，参见 Dieter Medicus，Burgerliches Recht，Carl Heymanns Verlag，1999，p. 6。

管理请求权应当优先于其他请求权。

第四，物权请求权。物权的请求权是指基于物权而产生的请求权，也就是说，当物权人在其物被侵害或有可能遭受侵害时，有权请求恢复物权的圆满状态或防止侵害；在物权受到侵害的情况下，首先应当采用物权的请求权对物权进行保护。这是因为物权的请求权具有优先于债权的效力。如在破产程序中，所有人对其物享有取回权，此种取回权实际上是由所有物返还请求权而派生的，当然应优先于一般债权而受到保护。再如，所有物返还请求权一般不受诉讼时效的限制，所以物权请求权较之于侵权请求权更有利于保护受害人，因此原则上物权请求权应当优先于侵权请求权而适用。

第五，不当得利和侵权的请求权。因为不当得利和侵权行为都是法律禁止和限制的行为，广义上都属不合法的行为。按照合法行为成立则排除非法的逻辑，所以首先应当考虑有其他以合法行为为基础的请求权存在，如果其他请求权不能适用，则最后才能适用不当得利和侵权的请求权。因此，不当得利和侵权的请求权应当置于最后的顺序。正确了解民法的请求权体系对于培养分析和运用法律的体系观念，从体系上把握整个民法的知识、制度和规范，从而正确适用民法规则具有十分重要的意义。

（三）请求权的初步锁定

通过对请求权逻辑顺序的考察，可以逐渐排除一些与案件事实不符合的请求权，或对原告不利的请求权。在排除了一定的请求权后，原告要初步确定一种或几种对其较为有利的请求权。只有在请求权锁定后，才能开始进行请求权基础的分析。简言之，即：

1. 对请求权的排除。通过对请求权逻辑顺序的考察，可以逐渐排除一些对案件事实不符合的请求权，或者对原告不利的请求权。

2. 对请求权的锁定。锁定就意味着原告要确定一种请求权，或者是一种对其最为有利的请求权提出主张或提起诉讼。只能在请求权锁定后，才能够开始进行一种请求权基础的分析。

（四）请求权基础的分析

请求权基础既可以是法律规范，也可以是如合同、遗嘱等具有法律效力的其他法律依据。即：它主要是法律规范，但又不限于法律规范。正如有学者指出，此种可供支持一方当事人得向他方当事人有所主张的法律规范，即为请求权规范基础，简称请求权基础。① 又可以继续分为以下几个步骤：首先，找出对该请求权的具体法律规定，例如买卖合同中，出卖人请求买受人支付价款。其请求权基础可根据《合同法》第130条、第159条中对买卖合同的定义，以及合同中对有关的价款支付的规定确定。《合同法》第130条规定："买卖合同是出卖人转移标的物的所有权于买受人，买受人支付价款的合同。"第159条规定："买受人应当按照约定的数额支付价款。对价款没有约定或者约定不明确的，适用本法第六十一条、第六十二条第二项的规定。"

其次，对所找的法律规范进行分类和定性。其中，有些法律规范不能单独地作为请求权的基础，它们主要包括：已经由当事人约定排除的任意性规范；不完全法条，包括说明性法条、限制性法条等。至于引用性法条、拟制性法条不能独立成为请求权基础，必须与其他相关法条配合才能构成请求权基础。此外，程序性规范和某些裁判规范也不宜单独地作为请求权的基础。

① 参见［德］梅迪库斯：《德国民法总论》，50页，北京，法律出版社，2000。

再次，要将该规范构成要件进行具体的分解。如将侵权责任的构成要件分解为过错、损害事实、因果关系等。在这个分解过程中，需要运用法律的解释方法对法律规范进行准确的解释。例如出卖人请求买受人支付价款，根据《合同法》第159条的规定："买卖人应当按照约定的数额支付价款。对价款没有约定或者约定不明确的，适用本法第六十一条、第六十二条第二项的规定"，要适用这一规定必须满足以下条件：即必须要有一个合同关系存在；必须在性质上是买卖合同；合同已经成立；合同已经生效。

（五）归入（或称涵摄）

即把经分解的事实归入（或涵摄）到法律规范的构成要件中去。具体来说，又要经历对案件事实的认定、分解、按照规范要件提取法律上的事实、将事实归入法律规范规定的要件四步。如图示：

A　B　C　D　规范中发生某种法律效果的各项构成要件

a　b　c　d　纠纷中的各项事实

如果争议事实被分解后一一对应地符合了构成要件，就满足了请求权。例如，买受人要依据合同规定主张合同价款，就必须要根据案件的事实进行分析，确定是否具有满足上述《合同法》第159条的规定要件的事实，如果事实已经满足法律规定的这些要件，则支付价款的请求权成立。

（六）消极规范构成要件的检索

所谓消极的构成要件，是相对积极规范要件而言的，规范构成要件被称为积极规范构成要件，而消极规范构成要件就是指否定积极规范要件的条件，如果客观事实满足了该条件或要件，则请求权仍不能成立，通过对积极或消极规范要件的考察，事实上是从正反两方面考察请求权基础。例如，具备一定的抗辩事由，就会导致对方的请求权消灭或使其效力延期发生。当然，抗辩权的行使必须严格遵循法律规定的行使条件和程序，不能违反法律规定而行使权利，或滥用抗辩权，否则，不能发生抗辩的效果。

（七）对请求权变动状态的考察和确定

尽管通过对请求权基础的考察，已经能够确定请求权已经成立，但是如果请求权已经发生了变动，例如合同已经变更或终止，则请求权也要随之重新考察。这要结合历史的分析方法加以确定。

（八）请求权竞合与聚合

如果在请求权检索中，确定案件涉及多项请求权，则需要进一步确定采取责任聚合还是竞合的方法。关于责任聚合与竞合的区分，首先依据法律规范，如果合同有约定，则依据约定。如果都没有，则主要是依据公平、正义的理念，即不能使一个人因一项违法行为而遭受两次惩罚，也不能使一个人因一次损害而得到两次赔偿。

四、请求权基础分析法与法律关系分析法的比较

德国法学界比较推崇请求权基础分析方法，但其并不是唯一的案例分析方法。笔者认为，请求权基础分析方法并不能解决所有的案例，不可完全替代其他案例分析方法。之所以不能完全采纳德国法的请求权检索法，是因为：

第一，因为按照此种方法，要对可能涉及的各种请求权逐项进行检索，如无权处分涉及侵权的请求权、合同的请求权、不当得利的请求权等。按照此种分析方法，必须要进行逐一的检索，失之烦琐。同时，有时还会陷入多项请求权之中，必须要熟悉各种请求权才能很好地运用，否则难以把握。

第二，请求权基础就是指请求权的法律依据，也就是说具体适用的条文。但我国由于民法典没有制订，现行法体系比较杂乱零碎，难免有许多法律疏漏，请求权体系尚不完备，检索起来有一定的困难，如完全依照现行法律检索请求权，可能造成法律疏漏。

第三，请求权基础分析法有其限定的适用范围，在某些案例中可能并不存在请求权。例如授权行为的法律关系；无权代理中本人的追认权亦然。在确认之诉、形成之诉中，由于不涉及请求权，因而请求权基础分析方法就难有适用的余地。此时就需要运用法律关系分析方法加以解决。例如合同无效、合同不成立、单方法律行为的争议，确认物权、确认继承权，以及合同撤销、解除等涉及形成权的争议。

第四，请求权的基础不能揭示法律关系的构成要素和内在结构。例如，它不能揭示争议的法律关系的客体，而客体有时在案例分析中又具有重要意义，所以，此时仍有赖于法律关系分析方法的运用。

第五，请求权基础分析法与法律关系分析法相比较，两者的思维过程也不相同。前者是先找出法律规范，再将事实“归入”其下；而后者主要是先找事实后找法，当然，在事实分析过程中也离不开对法律规范的解释和运用。请求权基础方法是在检索过程中一次性完成；而法律关系分析方法是在对法律事实分析的基础上，适用法律规范。请求权基础方法可以采取一种各个要件逐一探讨的方式；而法律关系分析方法无法将各个要件分别归入法律规范，只能在既定的事实上，整体地进行法律的适用。

法律关系分析方法适用的优点在于，采用法律关系分析方法，可以高屋建瓴地分析各种法律关系。

其适用范围较广，一种法律关系中，可能有多个权利，而不仅仅包括请求权，这不妨适用法律关系的分析。在存在多种复杂的法律关系时，能够条分缕析地分析各种权利义务。通过法律关系的要素结构的分析，能够把握整个民事权利的逻辑体系。并可以通过采用历史分析的方法分析法律关系的变动过程，把握法律关系产生、变更、消灭的脉络。

但是法律关系分析方法也不能代替请求权检索的方法，因为请求权检索方法由于逐一检索请求权体系，可避免遗漏；并且不必将案件事实的所有法律关系纳入考察视野，只需把握与请求权相关的法律事实和法律规范即可，不必从头考察那些无重大关联的法律事实，因而适用较为便捷。此外，在大多数案件中，当事人的主张都以请求的方式表现出来，诉讼上的争议多为给付义务的争议，请求权检索的方法也能适合实务的需要。总之，笔者认为，请求权基础分析法与法律关系分析法这两种方法是民法案例分析的基本方法，二者相互独立，又互有融合交叉，因而不可有所偏废。

张卫平（清华大学法学院教授）

学习民事诉讼法中应注意的十大关系

——谈谈如何学习民事诉讼法*

——比知识更重要的是方法。

常言道，水滴石穿。人们相信只要努力就会成功，但任何知识的学习和掌握都有一个方法是否得当的问题，只有顺其“道”，才能事半而功倍。方法得当，则可以在消耗同样的时间、同样的精力的情况下学到更多的知识。因为每一个学科的内容不同，知识构成有所不同，因此在学习这一学科的知识方面也就有其自己的特点，即使同为法学门类的各具体学科也是如此，只有把握了该学科的特点，才能顺其“道”。作为程序法、基本法、部门法的民事诉讼法不仅不同于民事实体法，也不同于同为程序法的刑事诉讼法和行政诉讼法，但又与民事实体法有密切的联系，与刑事诉讼法和行政诉讼有诸多共性。以我个人的学习、研究和教学的

---

* 本文阅读提示：本文虽然可以在开始学习民事诉讼法之前阅读，但由于本文中存在大量的民事诉讼法的概念，因此难以读懂，这是自然的，不必感到懊恼。在开始学习民事诉讼法时先阅读本文能留下一个大概的印象即可，不必深究。待进入到民事诉讼法的学习过程中时，阅读本文就应该有所体会了。在复习和总结所学习的民事诉讼法时帮助则会更大，有助于加深理解。

经历，我认为学习民事诉讼法应当注意以下几个方面的关系：

一、理论与实务的关系

理论与实务的联系大概是每一个法律学科都应当注意的问题。民事诉讼法学也不例外，只有注意到理论与实务的联系，才能很好地理解民事诉讼理论，发现问题和解决问题。民事诉讼法学本身是一门与民事诉讼现实和经验事实密切相关的知识体系，而不是概念与概念之间的抽象的逻辑演绎体系，如果套用经济学家科斯的表达方式来讲就是，民事诉讼法学不是，也不应当是“黑板法学”。根据民事诉讼法学的特点，我认为在民事诉讼法学习中，理论与实务的联系中有以下几条路径：

1. 选择性地阅读各级法院公开的判例，分析判例中法院对具体程序问题的理解。通过这种阅读可以发现实务中法院对民事诉讼法法条的理解以及民事诉讼法原理的应用。学生们在学习中的一个问题就是不能很好或自如地将诉讼法的原理加以运用，因为在课堂讲授中不可能过多讲解各种实务情形的运用。而诉讼法原理与具体情形之间有一个对接和转化的过程。另一方面，通过阅读判例也可以发现问题，提出问题，例如判例与理论的不一致究竟是理解的错误，还是原理本身有问题。

2. 注意案例教科书中的案例分析。教科书可以分为两大类，一类是注重概念、理论阐述的教科书；另一类则是以个案阐释原理的教科书。两类教科书各有优点和长处。因此学生们在学习中，最好两类教科书都看，通过案例教科书中案例的阅读可以增强实践感，有利于对原理的理解。

3. 勤作案例分析练习。法律应用是一门技术和技能，案例分析就是法律应用的一种训练，也是需要练习才能很好掌握的技能。有的同学认为，我只要懂了民事诉讼的理论，我就知道了如何应用，其实这是一种误识，知道规定和理论并不一定会应用，如上述所说，理论与应用之间有一个理论转化的过程，这个过程必须通过自己的实践活动才能领会。在案例分析中首先应当理清案例中的主要事实和基本关系，尤其是基本关系，然后确定基本关系的法律性质，这一点非常重要。例如，在确定是否为必要共同诉讼时，就需要在实体法上确定是否为共同共有关系，如果不是共同共有而是按份共有则可能因为当事人之间没有共同的权利义务，而不能形成必要的共同诉讼，也就不能适用关于必要共同诉讼的规则。

4. 注意民事诉讼实务运用的实际状况，了解实务操作的背景。实务操作的实际状况、法条规定和理论往往存在差异和不一致的情形，因此需要注意这种差异的背景是什么，是什么导致了这种差异的存在？这里需要注意的是实务差异往往与司法政策的动态变化有关。

当然，由于我国的判例仅仅公开了一小部分，且判例中对程序问题反映得也不够充分，导致理论研究、教学与实际的脱离，因此要从根本上解决理论与实践的有效连结这一问题，还需要一个过程。

二、程序法与实体法的关系

在民事诉讼中存在两个法的规制，而这两个法的规制在性质上是不同的，规制的目的和价值要求在一定的范围内也有所不同（这是由法规制的性质所决定的）。一个是实体法——民事实体法规制，一个是民事程序法规制。尽管实体法规制和民事程序法规制在本质上都是一种“决定自由的前提”，在特定的领域中，只有权利人才能作出具有法律效力的决定；规定着“自由的界限”，权利人的决定自由以不损害第三人的权利为界限；规定着“自由决定的后果”，在通过法律行为实施的决定方面，民事实体法规制在具备必要前提的情况下，可以产生行为人预期的法律后果。例如，对要约表示承诺，就可以使合同成立；在侵权行为和债务合同中在参与人之间产生一种法律关系，而法律关系又可以产生请求权和形成权。

但民事实体法规制是在特定、固定的时空中对主体权利义务的规制，本身没有时序状态；尽管民事实体法规制也规定在不同的时间、状态下，主体的权利义务有所不同，但总体上仍然是对特定和固定时空关系的规制。与此不同，民事程序法规制是调整一种处于运动变化状态的关系，试图在运动变化中能够始终贯彻程序正义的价值要求或目标。民事程序法规制要考虑主体在程序中的正义判断，要考虑对立平等主体之间的均衡性，因此不同阶段的程序设计和规制都会有所不同。例如在异议被驳回时，应当给予主体以复议的机会，以使主体的不满得以吸收。民事诉讼的运动发展必然导致程序的初始状态与发展中以及终结状态的差异，如果没有差异，也就无所谓阶段性和运动状态。

民事诉讼法是程序法，是解决民事争议，实现实体法规范的一整套程序规范。作为一种解决民事纠纷的程序体系，包含若干主程序（如一审程序、二审程序、再审程序、执行程序等），也包含着一些起辅助作用的子程序或辅助性程序（如管辖异议程序、财产保全程序、先予执行程序、证据保全程序等）。程序的特点是时序性展开，并具有一定的阶段性，因此把握民事诉讼中的程序就必须从时序性考虑，在头脑中形成阶段性的，时序展开的时空印象，把握每一个阶段中的法律规定，以及诉讼主体的诉讼行为的法律效果。例如一审程序，是由起诉和受理、审理前的准备、开庭审理、判决等阶段构成的。一审程序中的起诉和受理阶段又是由起诉和受理的不同阶段构成的，还可以进一步将起诉阶段细化为更具体的阶段。

同时，民事诉讼法作为程序法也有自己特有的价值判断和规范要求，并不是完全依附于实体法的，因此特别要注意不要以实体法的思维和概念完全取代程序法的思维和概念。例如，实体法范畴中基于实体权利的请求与诉讼请求就有区别，是两个虽有联系，但又有区别的概念，如果将两者混淆，就将导致错误的发生，误认为没有实体权利的当事人便不能提起诉讼请求。实际上对于消极确认之诉（要求法院确认与他人没有法律关系的诉讼）而言，只要有诉的利益，没有实体权利的当事人也可以提起消极确认之诉。

在理解民事诉讼法时，要密切联系实体法，但也要注意程序法的特点，避免以实体法的概念和思维教导地思考程序法的问题。例如，在对待如何强化人民调解制度的作用方面，人们就照搬了合同制度，这就是典型的实体法思维在起运用。最高人民法院于 2002 年发布了《关于审理涉及人民调解协议的民事案件的若干规定》，该规定通过对调解协议效力的认定，使调解协议间接具有了强制效力。具体地说，人民调解协议的一方当事人如果不履行调解协议的，对方当事人不是像过去那样，就双方的民事纠纷向法院起诉，由法院对该纠纷进行审理并作出判决，而是就双方达成的协议向法院提起诉讼，法院直接对协议进行审理和裁判。如果协议有效，并应当履行的，法院作出协议义务人履行的判决。由于法院不再对“元纠纷”进行审理，而是就协议的合法性（“次纠纷”）进行审理，这就使得协议像合同一样具有了约束力。另外，将调解协议作为合同，也避免了法院对“元纠纷”的审理，对“元纠纷”的解决将涉及最初民事法律关系的事实认定问题，而对调解协议的审理只是涉及调解协议有效性和权利义务问题，实际上是一种形式上的审查，相对而言要简单得多。该规定的理论基础就是把调解协议作为一种民事合同，因为是合同，所以当事人按照约定履行自己的义务，不得擅自变更或者解除协议。尽管上述规定将调解协议作为合同，但调解协议与一般的合同有所不同：主要反映在以下几点：（1）调解协议的目的是解决民事纠纷，而不是设定民事权利义务；（2）一般合同中可以约定违约金，而调解协议不能约定不履行协议的惩罚措施；（3）一般合同不需要当事人以外第三人的确认，而调解协议的生效需有调解组织的确认。（4）一般合同一旦被撤销或确认无效后，其法律后果是恢复原状，如果造成损失的，将予以赔偿。但调解协议如果被确认无效，则“元纠纷”依然存在，当事人仍然可以就该纠纷提起民事诉讼。

按照司法解释的规定，调解协议是一种合同，这就意味着人民法院在审理时将适用合同法的有关规定。但这样一来，必然产生诸多问题，例如，根据合同法的规定，合同存在撤销或无效原因的，当事人一方可以向法院起诉，要求法院撤销或判决合同无效。问题在于如果将调解协议作为一种合同，就可能发生当事人起诉要求法院撤销调解协议或判决调解协议无效的情形。法院撤销调解协议或判决调解协议无效的，实际上当事人之间“元纠纷”依然存在，当事人仍然可以就“元纠纷”向法院起诉（关于调解协议的裁判，当事人还可能申请再审，法院也可以在该裁判确有错误时提起再审）。这样必然导致纠纷解决的进一步复杂化，反而增加了纠纷解决的成本。

学习民事诉讼法当然需要注意民事诉讼法关于各个程序的规定，注意有关民事诉讼程序的理论，总之，应当注意民事诉讼自身的特性，但另一方面，还必须注意民事诉讼法与民事实体法的联系，民事诉讼法与民事实体法有着密切的联系，因为民事诉讼法毕竟是实现实体法规范的程序规范，不可能离开民事实体法，必须反映民事实体法的内在精神。

首先，民事诉讼法必须考虑民事实体法中关于民事主体对民事权利的处分的自由，给予当事人在诉讼中不仅能够处分实体权利，也同时给予程序权利的自由，因此民事诉讼法中也就必须体现民事实体法中同样的精神——自由处分，从而在民事诉讼法中确立处分原则以及辩论原则，如果离开民事实体法，没有真正领会实体法的精神，也就不可能真正领会民事诉讼法。正是基于民事主体对民事权利的自由处分，也就有了当事人起诉和撤诉的权利，提起上诉和撤回上诉的权利，诉讼与对方当事人达成和解或在法院主持下达成调解的权利以及在执行阶段与对方达成和解的权利等。正是基于处分原则，也就有了管辖中的协议管辖、当事人对程序的选择权（当事人对简易程序的选择权）等。

其次，应当注意具体诉讼制度、理论与实体法制度和理论的关系。在民事诉讼中有许多制度和理论与实体法制度和理论是直接关联的。因此，只有充分地理解和把握了实体法制度和理论才能正确认识民事诉讼制度和理论的意义，正确运用民事诉讼制度和理论。例如正当当事人的确定、法院主管、管辖、共同诉讼、第三人、诉讼标的、诉讼保全、判决的效力、要件事实、证据的可采信、证明责任的分配等。我们以判决制度中既判力理论为例说明程序制度、理论与实体制度、理论结合的意义。根据既判力理论，前诉法院已经确定的判决具有约束后诉法院和当事人的效力，即后诉法院在同样的判决事项上不得作出与前诉法院相矛盾的判决，前诉法院已经判决的事项，当事人不得再向法院提起诉讼要求裁判。理解既判力理论一方面涉及作为原则必须了解法院裁判的实体法律关系，了解诉讼请求事项与作为理由的实体法律关系之间的关系，否则无法应用既判力理论中关于既判力原则仅限于判决主文，而不涉及理由。诉讼请求为要求对方返还某物，但作为请求的理由可以是所有权关系，也可以是租赁关系等。另一方面，作为既判力约束原则的例外，在某些情况下即使该事项不是作为本案诉讼标的的法律关系，法院的判断也同样具有既判力，例如抵销权的行使。在本案诉讼中，被告如果符合债的抵销条件的就可以在诉讼中行使抵销权。由于抵销是一种抗辩，而不是反诉，因此如果按照原则，原本法院对抵销权行使的判断是没有约束力的。但是如果判决中关于抵销权的判断没有约束力的话，就可能发生虽已经在前诉中已经抵销，但行使抵销权的当事人在后诉中再提起已经抵销之债的债权之诉。

再次，民事诉讼制度和理论具有实现实体法的工具性的一面，因此民事诉讼制度和理论也需要与实体法制度和理论保持内在的一致性。例如，诉的类型、判决的类型，就需要与实体法保持一致。与当事人的实体请求相一致，从而形成给付之诉、确认之诉、形成之诉，并又相应地形成给付判决、确认判断、形成判决，过去有的学者将形成之诉、形成判决称为“变更之诉”和“变更判决”，虽然只是称谓的不同，但反映出人们没有从实体法与程序法、实体法理与程序法理的一致性出发加以思考的缺陷。在判决的效力方面，又相应地具有执行力和形成力。因此，要能够充分地把握程序制度和理论，正确地加以运用必须学好实体法，注意与实体法的结合。

三、基本原则与具体制度的关系

民事诉讼法的基本原则规定了民事诉讼法各具体规定的精神实质，是诉讼主体必须遵守的基本规范，基本原则指导着诉讼主体正确地适用民事诉讼法的具体规定。理论上，民事诉讼法的具体规定应当体现民事诉讼法的基本原则，是民事诉讼法基本原则的展开。因此，只有把握和理解了民事诉讼法基本原则才能正确适用民事诉讼法的具体规定。只有坚持从民事诉讼法的原则出发，才能在宏观上正确地把握民事诉讼具体制度。

例如我们在认识上诉审理的范围时，就应当首先考虑民事诉讼基本原则——处分原则和辩论原则的要求，上诉人没有在上诉程序中提出的请求事项，法院就不能进行审理，并作出裁决，不能仅从查明案件事实的视角来看待上诉的审理，必须服从民事诉讼的基本原则。又比如，在如何认识撤诉的问题上，就存在着是对撤诉进行实质审查，还是进行形式审查的不同认识。实质审查就是看撤诉人的撤诉行为是否在实体方面的否定性事由——例如是否损害他人合法利益；相反，形式审查仅就撤诉人是否是起诉人，是否是在法律规定的期间提出撤诉，撤诉是否已经递交书面申请等，而不考虑实体方面的原因。如果从民事诉讼的基本处分原则考虑，那么对撤诉审查就应当是形式上的审查，而非实体上的审查，因为撤诉是当事人的诉讼权利。

四、制度目的与制度运用的关系

民事诉讼制度是一个“树”系统，系统中存在若干具有包容关系的制度分支，形成若干“制度群”。虽然每一个制度都有其制度设立的目的，但这些制度又不能与民事诉讼的基本目的相悖，因此理解和把握民事诉讼，理解和把握民事诉讼中各项具体制度不能离开民事诉讼的基本目的和各项制度的基本目的。一旦离开制度的目的，我们在思考时就会陷于片面。

以管辖异议制度为例。欲对管辖权异议制度作出正确的评估，必须从管辖制度的基本目的来加以认识，因为管辖权异议制度作为一个子制度和辅助性制度是管辖制度的组成部分，其应从属于管辖制度的目的。只有首先明确了管辖制度的基本目的，才能真正理解管辖权异议制度的价值所在。关于管辖制度的目的，从学界的主流认识来看没有什么争议，其价值或功能就是将不断发生的案件分配于已经给定的、处于一定区域的法院。管辖制度可以分为两大部分：级别管辖制度和地域管辖制度。“级别管辖是按照一定的标准，划分上下级法院之间受理第一审民事案件的分工和权限”，是一种纵向分配；地域管辖的作用则在于“确定同级人民法院在各自辖区内受理第一审民事案件的分工和权限”，是一种横向分配。也就是说，无论级别管辖，还是地域管辖，其作用和目的都在于按照一定根据来分配第一审案件。所以管辖制度的实质就是一种分配制度。确定分配的根据主要包括三个方面：有利于当事人进行诉讼；便于法院审理和案件的执行；有利于维护国家主权。对于国内民事诉讼而言，国家主权的考虑自然相对消解；而当事人不在一地时，管辖总是对其中一方当事人进行诉讼更为方便的，只要可以选择，原告总是会选择有利于自己诉讼的法院管辖；所以此时确定管辖最重要的根据就是法院审理案件和执行案件的便利性，尤其是案件的执行方面，例如，对涉及不动产的案件由不动产所在地法院审理，就既方便当事人进行诉讼，又方便法院审理和执行。

应当明确的是，管辖制度的设计并没有考虑，也不可能考虑如何防止司法地方保护主义的因素。司法地方保护主义的确在现实中存在，但并非对每一个案件都发生作用，其是否发生作用因地域、审理法官的个人意识和具体案件的情形而有所不同。尽管司法地方保护主义与民事诉讼所强调的平等原则相违背，严重地损害了程序正义的基本要求，应当努力消除和避免，但这却不是管辖制度所能解决的，试图通过改革管辖制度来实现防止地方保护主义的目标无疑是徒劳的。因为只要管辖法院为一方当事人所在的法院，而不是双方所在地的法院时，司法地方保护主义就可能发生作用——要么有利于原告，要么有利于被告。法律无法规定每一个案件都由当事人双方共同的法院来管辖，否则凡是当事人不在同一个省或直辖市、自治区的案件都只能由最高法院作为第一审法院来审理，而这显然是不可能的。有的人主张修改民事诉讼法关于“原告就被告”的一般地域管辖原则来防止有利于被告的地方保护主义，理由是该原则有利于被告，由于地方保护主义的原因，原告的权利很难获得保障。这样的设想似乎很有道理，但问题在于这一想法有一个预设的前提，那就是原告一定是权利人，而被告总是应当承担民事责任的有过错的那一方当事人，表面上看，这样一种观点甚至还可以获得统计学数据上的支持，例如我们可以假设，从以往的案件看，85%的原告都是权利人，相应的85%的被告都是责任人。但实际上，一旦按照这样的预设来改变管辖方面的规定，所谓“恶人先告状”的情形马上就可能大量发生，因为即使没有获得给付的权利，义务人也可以通过提起消极确认之诉，即当事人要求法院确认某种有争议的法律关系不存在来获得原告的诉讼地位。那么，此时的统计数据马上就会发生变化了，因为人们总是在根据已经给定的制度，按照自己的偏好和利益来调整自己的行为，而统计数据不过是这种调整后的行为的产物。前述统计结果的出现，也许正是“原告就被告”的原则下才催生出的相应数据。不仅如此，如果我们径直依据防止被告地方保护这一点来修正“原告就被告的原则”，那么该原则所考虑的其他因素就被完全否定了。如人们一般所认同的抑制原告滥用起诉权，以免被告受不当诉讼的侵扰；有利于法院审理，传唤被告参加诉讼，对诉讼标的物进行保全；便于法院进行调查；便于法院执行等。事实上，司法地方保护主义对于抽象的当事人而言不过是一把双刃剑，只有针对个案的当事人才有“意义”。因此如果不解决司法地方保护主义本身的问题，而去修正管辖制度就只不过是在缘木求鱼；即使对级别管辖和审级制度的修正也许会产生一定积极的意义抑制司法地方保护主义，但要从根本上克服司法地方保护主义，仍只能通过司法体制的改革，实现司法独立，割断司法主体与地方利益的联系。

五、诉讼中静态与动态的关系

民事诉讼是一个动态的过程，从起诉、受理、开庭审理前准备、开庭审理、判决的一审程序到上诉、审理、裁判的二审程序，反映了一个渐次不断展开和变化的诉讼过程。另一方面，在每一个阶段，每一个阶段的时点上，诉讼又总是相对静止的，因此民事诉讼程序是一个典型静态与动态相互关联结合的过程，因此，在学习民事诉讼法时应当特别关注这一特性。以当事人为例，原告在起诉时所起诉的被告往往并非正当被告，原告自己也可能不是正当原告，而对于民事诉讼而言，只有正当原告和正当被告参加的诉讼在实体上才有意义。因此，对于非正当的当事人就应当予以更换，这就导致民事诉讼主体在起诉时与诉讼中或诉讼结束时的主体有所不同，即主体变更；除了主体之外，诉讼客体也可能发生变更，即诉讼请求的变更；甚至程序也有可能发生变更——从简易程序转为普通程序。

正是这种变化的动态特点决定了不同阶段、不同时期，从主体到客体各个方面的不同特性。起诉时的当事人是形式上的当事人，但形式上的当事人并非没有程序上的意义，形式上的当事人具有判断管辖、确定诉讼系属的程序法意义。没有形式上当事人的概念，就无法确定管辖法院，法律中所规定的地域管辖中的一般原则——“原告就被告”就是指形式意义上的当事人。随着诉讼的发展，形式上的当事人就需要确定是否为实质上的当事人（正当当事人），即一般而言是否是本案实体权利义务争议的当事人，只有正确确定正当当事人的情况下，法院的实体判决才具有实质意义。

事物的动态性导致了在不同阶段的事物的差异性，从形式上看是单一的、不变的事物，在运动中就发生了多样性，而这一点常常导致一些误识。比如关于证据的认识。在民事诉讼程序中我们给出的概念是单一的，不变的，但人们对证据的认识却又是动态的，而且法律或司法解释也是在动态中来运用证据这一概念的。具体地讲，当事人所提出的证据、司法解释关于举证期限规定中的证据、法院认定案件的证据其实是不同的。法院认定案件的证据是通过质证的证据，与当事人提出的证据以及举证期限所提出的证据是不同的，理论上法院认定案件事实的证据才是符合我们对证据特性的界定。尽管当事人所提出的证据并非是法院认定案件事实的证据，但我们又不能否定其作为证据的意义，因为毕竟其中有一部分就可能成为法院最终认定案件事实的证据。因此我们也不能不把举证期间中交换的证据称之为证据。这些问题其实就是民事诉讼动态关系所致。只要把握了民事诉讼的动态性，这些问题也就不难认识。

不论形式上的当事人，还是实质上的当事人的判断，同时又是一种静态考察，只是阶段不同而已，静态考察需要把握静态中事物的性质，如果不将所要考察的事物置于静态之中，则无法进行定性的分析。通过静态的分析，确定形式上当事人和正当当事人的基本属性以及法律意义，以便加以区分。可以说在民事诉讼中所有概念和特征都是静态分析的结果。静态考察和分析使得我们能够比较清晰地认识事物的特性，注意到事物之间的区别和联系。但应当注意的是民事诉讼毕竟是一个动态的过程，因此需要在动态中去认识静态事物，从变化中看待诉讼关系，这样才不至于走上僵化和教条的歧途。

六、相近概念之间的关系

民事诉讼法学理论是由若干概念所构成的，这些概念概括了民事诉讼法若干制度的基本含义，由于制度之间总是存在一定的联系，且联系的亲疏程度有所不同，这就使得有些制度相互间具有更多的共性，这些共性的存在就容易导致人们在学习时混淆不同制度、不同概念的特性，因此特别需要注意把握不同概念之间的差异和共同点。在民事诉讼法中存在着许多具有相似性的概念，例如，给付之诉、形成之诉、确认之诉；证明力、证明标准、证明责任；证据的质证、认证等，且有的概念还具有一定的对应关系，例如，普通诉讼与必要共同诉讼；有独立请求权的第三人与无独立请求权的第三人；形式上的当事人与实质上的当事人；行为意义上的证明责任与结果意义上的证明责任；既判力的主观范围与既判力的客观范围；判决实质上的确定力与判决形式上的确定力。

要能够比较清晰地把握这些相近概念的区别，需要在学习中将相近概念加以比较，从细微之处找出它们的不同点。注意从制度的目的、制度构成、主体、程序、法律效果等方面来加以把握。通常在一些教科书里，会写明相近概念的差异、共同点以及相互的之间的联系，这样方便学习者把握，但我的建议是最好是自己去进行比较分析，找出他们的不同点和共同点，然后再与教科书的观点加以比较，这样有助于深刻地理解相近概念的差异。

七、一般与例外的关系

在法律规范中总是存在着针对一般或多数情形的一般性规范和与一般或多数情形不同的少数情形的规范，之所以存在这两类情形是因为规范对象或事物的一般性和特殊性的客观存在，除了制度规范外，作为解释制度规范的理论也同样存在一般和例外的情形，其原因与规范的一般性和特殊性的存在相同。因此在学习民事诉讼法的制度与理论时特别要注意例外或特殊的情形，并理解形成特殊情形的原因所在。

例如，按照民事诉讼既判力的理论，只有对作为诉讼标的的事项所作出的裁判才具有既判力，但对于抵销的情形，即使对抵销债权行使的判断不是本案诉讼标的的事项，但法院关于抵销权行使的判断仍然具有既判力，作为抵销债权债务的当事人不得在后诉中对此再行争议。作为抵销权的判断就是既判力一般约束原则的例外或特殊情形。

再比如，关于证明责任的分配，如果按照证明责任分配理论中的法律要件分类说的理论，主张权利存在的人应当对权利存在的法律要件事实承担责任。但是在某些情况下，考虑到如果一概按照这一原则分配将难以充分实现实体正义和程序正义，因此允许证明责任分配实现对原则的倒置，即证明责任原则的例外。这一例外在最高人民法院《关于民事诉讼证据的若干规定》的第4条中有明确的规定，例如，该规定第（3）项规定：因环境污染引起的损害赔偿诉讼，由加害人就法律规定的免责事由及其行为与损害结果之间不存在因果关系承担举证责任（证明责任）；第（8）项规定：因医疗行为引起的侵权诉讼，由医疗机构就医疗行为与损害结果之间不存在因果关系及不存在医疗过错承担举证责任（证明责任）。如果按照证明责任分配的一般原则，作为侵权案件，关于环境污染引起的损害赔偿案件应当由受害人就因果关系的问题承担证明责任，但基于环境污染案件的证据存在的特殊性，实现了证明责任倒置，倒置为加害人就自己的行为与损害结果之间没有因果关系承担证明责任。医疗纠纷的案件也是这个道理。

八、确定性与不确定性的关系

法律规范应当是确定的，因为它需要约束和指引人们的行为，从这个意义上讲，确定性是法律规范的基本要求和本质。民事诉讼规范也是如此，对法院和当事人以及诉讼参与人的行为规范应当是具有确定性的，即这些规范在内容上是具体的，可判断和可执行的。例如起诉的规范要求。对原告的起诉条件是确定的；对上诉人的上诉的条件是确定的；对不服生效判决申请再审的条件也是确定的。但也应当注意民事诉讼规范的确定性往往只是相对的，而不是绝对的，由于事物的复杂性，我们不可能将所有的情形全部加以确定，加以具体规范。规范的确定性往往只有某些情形或原则上是确定的，这也是由事物存在的性质和现实中确定与不确定的辩证关系所决定的。虽然事物的性质是由特定的概念加以确定的，但描述事物性质的概念又往往是不确定的，任何制度的规范又必须依赖于一定的概念加以确定。例如，民事诉讼中举证时限的规定中关于新证据的界定就是一例。按照民事诉讼举证时限制度的要求，只有所谓“新证据”才可以作为例外不受举证时限规定的约束，但何谓“新证据”呢？其中一个界定要求，须是“新发现”的证据，但什么叫“发现”，“发现”的对象是什么，是否是证据的价值？这些都需要加以界定，只要一个层次或某一个环节上存在不确定性，“新证据”的界定也就存在不确定性。再如，相对确定的当事人申请再审的再审事由中，关于“原判决、裁定认定事实的主要证据不足的”这样的规定，也同样存在何谓“主要证据”这一相对抽象概念的具体确定问题。

当然，我们承认法律规范的相对确定性，并不等于否定法规范所有的确定性特性，否定规范的确定性，从而否定规范对行为主体的约束性，成为怀疑论者。在法律规范没有具体、明确的确定性时，适用相对确定性规范所需要的确定性就只有委任给审判人员，由审判人员根据案件的具体情况和自己对法规范内在的精神，规范的目的、原则的理解加以自由裁量，通过这种抽象约束下的自由裁量，使得规范具有确定性。

在民事诉讼规范中存在不少具有相对确定性，而没有具体确定的制度和概念。例如，证明标准、新证据、证明力的大小、经验法则、诉讼保全的必要性等，可以认为，凡是需要通过审判人员自由裁量才能加以具体适用的规范都存在相对的不确定性。以证明标准为例，民事诉讼证明标准在理论上一般认同为当事人的证明达至高度盖然性的程度即为已经证明。但由于何谓“高度盖然性”是一个抽象的概念，因此，对于高度盖然性的判断就委任给审判人员，根据具体的案件情况加以判断。试图要给出一个清晰的、具体的、统一的判断标准几乎是不可能的。但虽然高度盖然性是不确定的，但确定高度盖然性的经验法则在一定程度上又是相对确定的，审判人员可以通过对具体案件中具体的经验法则来判断是否达到了高度盖然性的要求，审判人员总是在相对不确定和相对确定之间认定事实和适用法律的，这就是司法的辩证法原理。

九、民事诉讼法律关系的主次关系

民事诉讼是若干诉讼主体参与相互作用的过程，在这一过程中形成了若干的法律关系。在这些法律关系中，最主要和最基本的法律关系是人民法院和当事人之间的法律关系。人民法院作为民事审判的主体对民事争议事实进行确认，并适用法律进行裁判，控制民事诉讼程序的发生和发展；民事案件的当事人是争议的实体法律关系的主体，是主张诉讼请求、案件事实和推动程序发生的主体。当事人通过行使诉权和诉讼权利与人民法院行使审判权相互作用，形成民事诉讼的基本运动方式。其他诉讼参与人，如证人、鉴定人、检察机关等主体与法院和当事人之间的关系都是依附于人民法院和当事人之间的基本关系。民事诉讼法的基本原则和基本规范也是以这一基本关系为规制对象的，因此在民事诉讼法的学习中应该把握人民法院与当事人之间的这一基本关系，从这一基本关系来认识民事诉讼。民事诉讼的基本模式或诉讼体制就是对这一基本关系的一种基本认识和归纳。如果没有从人民法院和当事人这一基本关系来认识，便无法从宏观视角正确、全面地认识民事诉讼，学习也将抓不住要领。

十、形式上与实质上民事诉讼法的关系

民事诉讼法可分为“形式上的民事诉讼法”和“实质上民事诉讼法”，形式上的民事诉讼法，是指以民事诉讼法法典的形式规定民事诉讼程序和作用的法律，如我国现行的《民事诉讼法》；实质上的民事诉讼法，是指一切有关民事诉讼程序和作用的法律。实质上的民事诉讼法不仅包括了《民事诉讼法》法典，也包括其他法律、法规中有关民事诉讼的法律规范，从实际规范的作用来看，也包括了最高人民法院关于民事诉讼的若干司法解释性规定。形式上的民事诉讼法也称为“狭义的民事诉讼法”；实质上的民事诉讼法则称为“广义上的民事诉讼法”。在论文或其他论述中，如果没有特别指明时，“民事诉讼法”通常是指实质上的民事诉讼法。实质上的民事诉讼法实际上是一个开放的法律体系，会因为包含民事诉讼规范的新的法律的颁布，而不断得以充实和扩展，因此学习民事诉讼法的学生和老师都应当充分关注新的实体法的颁布，注意新法中的民事诉讼规范的内容。

民事诉讼法典本身、其他法律中关于民事诉讼的规定以及各

种司法解释是学习民事诉讼法所必须依据的法律文本，尤其是各种司法解释。由于我国法典的制定普遍存在比较简化的特点，因此许多实践中需要遵守的规范在法典中大都是比较原则性的规定，因此为了弥补这一缺陷，最高法院适时出台了许多调整民事诉讼关系的司法解释规范，成为人民法院和当事人及诉讼参与人必须遵守的法律规范。因此在学习民事诉讼法时除了注意《民事诉讼法》的法条之外，更要注意最高法院的各种关于民事诉讼的司法解释。虽然这些司法解释只是《民事诉讼法》的展开和细化，但也有一些关于民事诉讼的司法解释具有某些创设性，是对《民事诉讼法》规范的补充。在民事诉讼领域之中，最高人民法院的司法解释：(1)"意见"，如《关于适用〈中华人民共和国民事诉讼法〉若干问题的意见》、《关于人民法院审理借贷案件的若干意见》；(2)"规定"，如《关于中国公民申请承认外国法院离婚判决程序问题的通知》(1991 年 7 月 5 日最高人民法院审判委员会通过)；(3)"通知"，如《关于第一审离婚判决生效后应予出具证明书的通知》(1991 年 9 月 27 日法(经)复〔1991〕5 号)；(4)"批复"，如《关于行政机关对土地争议的处理决定生效后一方不履行另一方不应以民事侵权向法院起诉的批复》(1991 年 7 月 24 日(90)法民字第 2 号)；(5)"复函"，如《关于在民事诉讼判决生效前对因管辖权异议的裁定上诉后如何适用法律问题的复函》(1991 年 8 月 10 日法(经)函〔1991〕82 号)。最为重要的司法解释有，最高人民法院《关于适用〈中华人民共和国民事诉讼法〉若干问题的意见》、最高人民法院《关于民事诉讼证据的规定》、最高人民法院《关于适用简易程序审理民事案件的若干规定》、最高人民法院《关于人民法院民事调解工作若干问题的规定》等。

除了注意最高人民法院所发布的大量的司法解释之外，还要注意司法习惯，实际上司法习惯也是一种规范。尽管从理论上讲，司法活动应当遵循《民事诉讼法》和最高法院司法解释，但是由于各地的情形的差异性和司法传统的影响，法院在进行审判活动时，依然存在着某些司法习惯，这些司法习惯有的是对法律规范的补充，有的实际上也是对法律规范的变通，这是客观存在的情况，即使发达的法治国家这种情形也是存在的，因此，作为学习和研究法律的人也应当注意，否则就会导致所学习的理论与实践的脱节。了解司法习惯对于我们全面了解我国民事诉讼是有好处的。

张广兴（中国社会科学院法学研究所研究员）

学术规范与法学论文写作*

各位老师，各位同学，大家晚上好，今天晚上给大家报告的题目是《学术规范与法学论文写作》，我觉得这个题目会引起各个学科的同学的兴趣，在演讲之前我先作三点说明：第一点，需要申明的是我不会讲课，不会讲课表现在两点，一是不会调动同学们听课的情绪，同学们都可能听过江平老师、贺卫方老师讲的课，听得同学个个都是热血沸腾、坐立不安，（笑）而我讲课可能起到催眠的作用，所以哪位同学要是睡眠不好，听我讲课可能会起到促进睡眠的作用。二是不会把握时间，我读书的时候有位老师上课的时候从来不带表，当他拿起杯子喝一口水说，我们今天的课就讲到这里，下课铃就响了，而我呢，一般讲课总是要戴着表，但是也总是忘了看表，如果报告结束得早大家可以早点回去睡觉，如果结束得晚，大家可以在这多睡一会儿。第二点，做学术编辑和搞学术研究有很多不同，其中一个最大的不同就是，研究者要怀疑一切、批字当头、逮着谁批谁，这样才能做学问；而做编辑首先要具有鉴赏力，要能够看得到别人写出来的文章哪些是闪光

---

* 整理自2007年1月9日中国人民大学法学院“民商法前沿”系列讲座现场实录第277期。

出彩的，也就是要看到写作者论文的价值和水平，我今天讲的不是怎么样才能写出好文章，因为文章人人都会写，各有巧妙不同，我们人民大学有很多老师都很会写文章，可以说是写文章的“高手”，我今天更多的是讲一些平常看到的这些稿件或者文章中间存在的一些毛病，需要特别说明的是，这里所谓的“毛病”只是我个人的看法。我与大家比起来属于老同志了，“老”呢，通常意味着守旧、保守等等，我批评的一些东西大家可能不一定认同，尽管如此，如果大家能够从中听出来什么是“老”，也算今天不虚此说了。第三点，今天演讲的题目虽然是《学术规范与法学论文写作》，但是这个命题是两个很大的问题，不容易一下子就说得明白，我们就来点实用主义，就以《法学论文写作中间应当注意的学术规范》作为演讲的主要内容，下面我们就以这个题目开始今天的演讲。

什么是学术规范？我粗略地统计了一下学术规范的定义大概有几十种，我们天天都在说要建立和遵守学术规范，但这是一个一直到现在还属于只可意会，不可言传的东西，对于它还没有一个大家共同接受的定义。2004 年 8 月 16 日教育部下发了一个文件，叫做《高等学校人文社会科学研究学术规范（试行)》，在这个关于规范的规范中间，把学术规范分为基本规范、研究程序规范、学术引文规范、学术成果规范、学术评价规范和学术批评规范五大具体规范。基本规范包括四个方面：第一点，高校人文社会科学研究应以马克思、列宁主义，毛泽东思想、邓小平理论和“三个代表”重要思想为指导，遵循解放思想、实事求是、与时俱进的思想路线，贯彻“百花齐放，百家争鸣”的方针，不断推动学术进步。这点更多的是属于政治要求，就是说要搞学术研究不能违反四项基本原则、“三个代表”重要思想等等，如果违反了可能构成违反政治纪律，这个属不属于学术规范呢？好像不属于！第二点，高校人文社会科学研究工作者应以推动社会主义物质文明、政治文明和精神文明建设为己任，具有强烈的历史使命感和社会责任感，敢于学术创新，努力创造先进文化，积极弘扬科学精神、人文精神与民族精神，我把它称为使命要求。研究工作者为什么要搞研究啊？因为你肩负着重大的使命，但是写文章可以是为了拿学位，可以是为了评职称，可以是为了完成科研任务，它的目的是各种各样的，如果是为了这样的目的去搞学术研究就认为是违反了学术规范，似乎理由不是很充分。第三点，高校人文社会科学研究工作者应遵守《中华人民共和国著作权法》、《中华人民共和国专利法》、《中华人民共和国国家通用语言文字法》等法律。这是合法的要求，我们做学术研究也是一种行为或者是一种工作，要合法这是理所当然的。第四点，高校人文社会科学研究工作者应模范遵守学术道德。这点是道德方面的要求，应该赞同。但是加上了高校的研究工作者应该模范遵守学术道德，我就不知道是什么意思了，像我们社科院系统的就可以不模范地遵守。这个规范还不是教育部行政机关制定的东西，它是由教育部设立的一个委员会制定的，这个委员会由 23 个学科的 99 位专家共同制定出来的，它只是以教育部的名义颁发，这 99 位专家都是搞学术研究的，从这个关于规范的规范本身我们可以看出来，人们对于什么是学术规范认识还是比较模糊的。

到底什么是学术规范呢？我觉得所谓规范无非是一个规矩，干什么事情都要有一定的规矩，所谓的学术规范就是进行学术活动的规矩，有了这样的规矩大家就有了共同语言，就能够交流，然后在这个基础上就可以互相评判，可以建立起所谓的学术共同体。我认为，学术规范大致应该包括学术研究规范、学术批评规范和学术评价规范。今天我们主要讲一下学术研究规范，这点与我们写论文或者写文章有着直接的关系。学术研究规范我觉得主要包括五个方面：一是道德规范，二是创作规范，三是形式规范，四是引注规范，五是文字规范。

下面我就这五个规范展开详细的探讨：

第一个规范，道德规范。

道德规范中间当然包括法律规范，法律规范主要包括《中华人民共和国著作权法》、《中华人民共和国民法通则》以及将来的“民法典”，还有一个很重要的法律就是《中华人民共和国国家通用语言文字法》。最近几年在法律学术界，抄袭、剽窃、侵吞他人成果、污辱诽谤他人等现象层出不穷，而且愈演愈烈，甚至闹到法庭上去，搞得那些学者很没面子。特别是对于我们做法律学术的，出现这些的现象确实十分令人痛心。但是，更多的是没有违反法律，只是违反了学术道德，对于这样的行为我们当然不可以上纲上线，有一次我坐火车看到火车上面张贴的规章制度，上面就写到，违章就是违法，违章就是犯罪，（笑）违章就是杀人，（笑）这就上纲上线了！对于违反学术道德虽然我们不能够上纲上线说他怎么着，但是我们要给予足够的重视，要避免这些现象。

违反学术道德的有以下几种表现：

一是无视他人的学术成果，在形成自己的学术成果的时候，对于其他人的研究不做任何的交代。我们知道，做学术研究是一个继承性很强的活动，而且现在在法律学术方面几乎没有什么问题别人没有研究过，我们在做研究的时候要尊重别人的研究，这是一个最起码的要求。但是，有一些写作者在论著或者文章中间就缺乏这方面的认识，这可能有两方面的原因：一个是受到各种限制，比如资料的匮乏，还有就是比较懒惰，懒得去查找，这个不管怎么说他客观上不知道；另外一个是有意的回避，这样显得自己的研究具有创新性，具有填补空白的性质，这样在学术道德上多少会存在一些问题。

二是重复利用自己的研究成果。比如一稿多发，《法学研究》历来提倡一稿多投，但是坚决反对一稿多发，一旦《法学研究》杂志采用你这篇文章的时候，你必须对投往其他杂志的论文作出妥善的处理；或者同样的观点、论据和论证过程稍加改动再行发表，重复地利用自己的研究成果；另外，还有一种形式是拼凑即把别人发表的文章东拼西凑作为自己的研究成果，有的还经过自己的加工、思考再用自己的话把它说出来，这还算是付出了智力劳动，还能够产生著作权，而有一些干脆就是简单地拼起来完事，最多就是耗费一点体力，最终说是他的成果。

三是粗制滥造。原则上我不赞成把这种做法说成违反学术道德。这种做法主要是作者粗制滥造了以后，投向相关的杂志社，投稿的时候他就会浪费编辑的时间和精力，折磨编辑的神经，这显然是有一点不太人道的做法。

四是对自己没有实质性贡献的研究成果署名。现在有很多文章是学生和老师共同署名，其中有相当一部分是学生写的文章出于种种考虑，主动要求导师署名，比如署上老师的名字以为发表起来比较容易等，但是作为老师绝对是不可以这样做的。如果确实是在一起讨论产生出来的研究成果，这种当然可以作为合作作品，如果只是简单地署上名字，这肯定是违反学术道德的。对于这种情况，做法学期刊的编辑一般是比较反感的，现在有一些期刊对于师生联合署名的论文一律不予发表，这种一刀切的做法也不见得十分合适，最起码这种现象如果是导师没有作出实质性的贡献，那么在稿件上署名的做法是十分不妥当的。

五是对于给自己的研究提出了实质性的帮助包括重大启发的人在文章中间不表示感谢。有的时候甚至在成果中间使用了别人的观点，但这个观点不是公开发表的，比如说同学之间对某个问题进行讨论，其中一位同学讲了一些对这个问题的看法，最后这种观点被吸纳进自己的研究成果，但是在文章中间没有任何交代，这也是十分不好的。感谢的话我们还是要提倡的，但是有些感谢没边没沿，比如我到某大学去参加论文答辩，从论文后记当中可以看出他有多少师兄、师姐、师弟以及这个教研室有多少位老师，父母是否健在，有没有配偶或者孩子等，感谢太多实际上是没有必要的，所要感谢的就是对在这个成果中间提供实质性帮助的人。

第二个规范，创作规范。

在创作规范当中遇到的第一个问题就是选题。关于选题，我们要考虑到以下四点：

其一，要坚持学术性和理论性。什么叫做学术可能也是一个学术问题，但是可以明确的一点就是学术是相对于政治而言的，在现阶段，学术问题与政治问题有的时候往往不容易分得清，今天属于学术问题明天可能就是政治问题，比如我们原来讨论宪政，当时讨论宪政是作为学术问题来研究的。有一些原来属于政治问题现在变成学术问题了，比如人权，原来是不可以讨论人权的，现在把人权当做一个学术问题来研究了。尽管在我们国家学术问题和政治问题会变来变去，但是对于我们做研究来说，对于明显属于政治问题的不要去碰它。另外，在批评别人的时候也不要把学术问题上升到政治的高度，因为给别人扣上一个“政治”的帽子是十分可怕的。所谓理论性是相对于实务或者对策性研究而言的，如何坚持理论性呢？一个就是运用现有的理论去研究现实中间的问题，或者针对现实问题进行分析抽象出某种理论，或者对既有的理论给予修正，促进理论的发展，这就叫做坚持学术性和理论性。我们做研究如果不坚持学术性和理论性的话，就算不上是学术研究。

其二，选题要有学术价值。不管选什么样的题目都要考虑它到底具有什么样的意义，或者是理论意义或者是实践意义。杨立新教授去年指导的一篇博士论文是《佟柔教授法学思想的研究》，这个选题很有意义，为什么呢？因为法律学术史的研究在我们国家基本上不受重视，我原来曾经呼吁过大家重视这个问题，我们国家法学的学术理论的发展历程到底是怎么样的，比如前些年改革中间关于国有企业财产权的性质连续好几年发表了很多的文章，这些文章是在什么样的背景下发表的，它在我国民法的学术史上到底是一个什么样的位置，可能我们现在都不太明白了。因此，我们不太重视学术史研究的状况应该改变，在《佟柔教授法学思想的研究》中介绍了民法与经济法的争论等等，这对了解那一段的情况是很有帮助的。当然，选好题目对很多人来说不太容易，对此梁慧星教授专门写了一篇论文，杨立新教授和张新宝教授曾经都作过报告，大家可以查阅一下。我觉得在确定选题的时候必须要对已有的研究成果有全面的了解，并且进行认真的分析和评价，了解他人已经取得了哪些成果，还存在哪些不足等，在这中间发现既有成果的不足也就是发现问题可能是最为主要的。很多同学在写文章的时候都会面临这样的问题，自己找出一个命题看看别人的研究都很好，所以这种前期工作一定要找出别人的成果中间还有哪些不足，这是最主要的。

其三，选题时还有几种因素需要注意。第一个是兴趣，我觉得做学问是天底下最苦的一种差事，有诗句形容得特别地真实，就是“青灯孤影板凳冷，不知窗外几更天”。除了极个别的学者，比如王利明教授、杨立新教授可能把学问当做娱乐以外，绝大多数人写东西都是被逼无奈，因此如果对准备做的这个题目没有兴趣，真是像被赶上架子的鸭子一样，难受得呱呱叫了！第二个需要考虑的就是抽象思维能力，抽象思维能力比较强的人可以选择理论性比较强的题目，如果自己这方面没有自信，那就选制度研究类的题目，相对来说比较实一些。第三个需要考虑的是资料，资料好不好找，充分不充分，以及对问题的了解程度。第四个要考虑外语水平，特别是做比较研究需要比较好的外语水平，有的时候甚至需要几门外语。我们现在搞民商法的都知道，英美法我们就不用说了，比较有代表性的有法国和德国，传到亚洲以后还有日本，你要想在大陆法系国家做比较研究的话，法语、德语甚至日语多少都要懂点，否则的话没有办法做深入的比较法研究。比如我曾经看到一篇博士论文，说到德国的时候引注了很多德国的资料，说到法国的时候都是二手、三手资料，这样做比较研究可能就比较麻烦。

其四，在以上基础之上，在选题的时候可以考虑以下的问题了：

首先是选大题目还是选小题目。所谓大题目就是宏观性的题目，比如说论法治、论人权、论诚实信用原则、论和谐社会的法律调整等等。所谓小题目就是针对微观问题进行研究，比如代位继承，这是很小的问题，但是也能做出来学问。大题目当然它的价值很高，但是写起来不容易，它需要比较广博的知识和理论功底，还需要掌握很丰富的素材，还要有很高的驾驭能力。微观性的题目比较容易写透，但是可以发挥的余地比较小，它的理论性可能也不会太强，显示不出来水平，不过小题目也可以做出来大文章。比较好写的题目可能是中等题目，研究一个具体的法律制度，写这样的题目可以发挥的余地相对比较大，你可以偏向理论也可以偏向实务，偏向理论的时候也不至于太空泛，偏向实务的时候也不至于沦落到就事论事。这样的问题可能涉及的方面比较多，可以面面俱到，也可以选择其中的某些方面重点论述。同时，这样的问题往往别人已经做了很多的研究，这可以作为进一步研究的基础，也可以作为评判的靶子。当然，各人的思维方式不一样，有的人喜欢写比较恢弘的问题，比如梁慧星教授写出来的文章就有一种气势，崔建远教授写出来的问题很具体、很深入，这就是写文章的风格不同。另外，写文章是为了发表，大题目的篇幅肯定要写得多一些，小题目不可能写得太长，不同的杂志对文章的篇幅要求也不同。因此，可以写一些小的题目也可以写一些大的题目。

其次是实和虚。所谓实就是研究实际问题的题目，做这样的题目的目的在于解决社会生活中间的某一个具体问题。所谓虚就是研究抽象理论的题目。研究实际问题的文章素材丰富，针对性比较强，有的时候不需要很高深的理论作为支撑，写起来也比较容易；不好的方面就是，这样形式的成果有的时候生命力不会太长久，而且这类问题大家都比较熟悉，容易被人挑出毛病，也就是说，你的结论别人不一定会接受。研究抽象理论问题的文章可能写起来不大容易，而且尺度不容易把握，写得太深了看起来有点像玄学一样，写得浅了有点四不像，不过这类题目最大的好处就是可以“唬人”，你看不懂，只能是你水平不够！这类文章适合抽象思维比较强或者本科读哲学的人来写，可能写起来会轻松一些。

再次是冷和热。所谓冷指的就是冷门，别人不关注的问题，这样的问题别人不去研究肯定是有原因的，或者认为没有研究的太大价值，或者是认为做起来太难，所以就不去涉足它。如果选中了有价值的问题坚持不懈地做下去，针对这些冷的题目去做研究，一定能够有所成就。所谓热就是热点问题，社会上、媒体上有了什么新鲜事，别人一炒作，马上跟着炒。跟着热点问题做研究的好处就是这些热点问题往往反映社会上的某些比较敏感的或者比较重大的事项，对推动我国的法制建设有着相当的意义，但是问题在于你的观点一定要新、要与众不同，而且你的声音有可能会被淹没在汪洋大海之中，这个时候大家都在炒作这个问题，你的声音就会显得很微弱；还有就是有的问题炒了一段时间以后无声无息了，回头想一想，当时讨论这个问题有什么价值呢？但是我觉得，大家不妨拿热点问题写一些小文章，作为练笔的一种方式，因为老是不写文章手会生的。当然，最高的境界就是自己制造热点，让别人跟着你炒作，这需要很敏锐的洞察力，把握问题的能力，而且要有炒作的技巧。

最后是新和旧。所谓新问题指的是，随着社会的发展出现的新的社会现象，有的时候也被称为前沿问题。所谓旧就是老掉牙的，别人已经做了大量研究的问题。比较起来，新问题的研究比较容易一些，别人说的少，甚至没有说，你怎么说都是一家之言，即使后来被作为评判对象，将来在学术史上也算有个地位，将来会出现张说、王说，这也是一种观点。但是对于旧的问题要想作出成就就难一些，应当承认前人或者外国人他们的理论思维能力可能比我们差不到哪里去，所以很多问题我们能够想到他们也会想到，但是这也并不是说这样的问题没有办法进行研究了，受到时代的局限，受到社会环境的局限，受到科学技术发展的局限，还有方法论的局限，原来定论性的东西现在可能不太适合了，或者不适合我们中国现在的这种社会需要，暴露出来一些问题，我们正好去修正它、填补它。如果我们利用了新的资料，采用了新的方法，从新的角度加以论证，这也可以做出来很好的成果，如果不是这样，我们最好不要去动它。

对于如何选题，杨立新教授还提出来一个“夹空法”，这是一个很好的思路，它这种方法是在一个学科内比较接近的两个问题，这两个问题分别都有人研究了，但是中间交叉这块内容没有人去进行研究，这块和两边都有一些联系，但是又有所不同，采用这种方法的关键就是要查找出来这种夹空，怎么找呢？大家可以向杨立新教授请教，因为他是这方面的专家。另外，在法学不存在原创这个问题，但是后来又提出创新，其实创新这个词具有高度的模糊性，什么叫创新？很难说！有人把选题没有创新、低水平、重复看作是不符合学术规范的表现，我觉得这似乎说得太严重了。根据统计，全国高校发表作品十九万篇，这中间有多少创新？谁能够天天搞创新？别说中国人不能，外国人也不能！如果我们十九万篇成果当中多少有一丁点创新，中国的学术绝对在世界上是第一，任何国家都赶不上，但事实上这是不可能的！那么，我们又说创新，又反对低水平的重复，我觉得这是一个悖论，是矛盾的。

创作规范中的第二个问题是研究方法。现在很多学者在进行研究的时候，自称运用了或者事实上运用了多种多样的方法，不但有社会科学的方法，还有自然科学的方法。不知道大家看到没有看到一个小册子，《法律科学》杂志有一个编辑用数学的方法研究法学问题，现在各种研究方法的综合运用对于更透彻地分析和认识问题，增强自己观点的说服力是大有好处。但是看来很多的论文，觉得对方法的运用有一点随意，特别是博士和硕士的论文，他们在前沿或者第一章当中交代，我都采用了哪些研究方法，但是在答辩的时候你问他这些研究方法到底是怎么回事他往往不能够说得十分明白。运用各种方法来研究问题这是值得肯定的，但是希望我们对方法也进行一些研究，以便我们今后运用这些方法分析问题的时候更加自如一些。

下面我只是就比较的方法谈一下我的想法。这种方法人人都在使用，而且还是存在问题最多的一种方法，它的问题表现在：

其一，比较的素材不充分。有一种现象是仅仅作文本的比较，也就是比较各国的法律条文，然后就得出自己的结论。以前这种现象比较常见，现在少了，但是还没有绝迹。我认为，我们在作比较研究的时候需要有一个前提，这个前提就是对那个国家的那个法律制度有相对全面或者相对深入的了解，这中间包括制定该法律制度那个时候的经济、文化、历史、法律等等背景，立法时的不同观点、制度条文的准确含义，实务中间的具体适用，法律条文制定出来以后的发展变化以及发展变化的原因，那个国家的学者对那个制度的评价，不管是肯定还是批评，等等。这些背景一定要有所了解，如果不把这些问题搞清楚，就说某个国家的某个法律制度如何如何，可能那个国家的学者就会感到疑惑，这是说我们国家吗?

其二，比较的标准不客观。很多人在比较的时候有一个预设，当然这个预设有一定的合理性，就是说外国的法制比我们搞的时间长，他们的法制发展水平比我们高，因此应当以外国的法制状况作为判断法律制度优劣的一个标准，这样比较的结果就是外国的制度好，中国的不好。而且我们现在都在用这种比较的方法来研究各种各样的问题，得出几乎是同样的结论，得出的结论就是外国的啥都好，中国的啥都不行。显然，这种标准是不客观的。但是当外国的法制或者法律制度不一致的时候，就以自己似乎了解的作为标准（似乎了解其实不一定真的了解），比如民法当中的物权变动制度，很多硕士、博士写这样的毕业论文，并且经常拿德国的和法国的制度进行比较，得出比较的结论几乎都是德国的好法国的不行，法国的物权变动不利于交易安全，可能社会经济生活就会乱套了。这种时候我往往就会提出这样一个问题，法国真的就乱套了吗？实际上我们对德国的各种资料特别是我们原来继承了德国的法学理论，对德国的法律制度相对比较了解，而对法国不是很了解，从逻辑上一推，几乎都是德国的好法国的不行。但是如果得出这样的结论，显然是不合适的。也就是说，以你自己熟悉不熟悉作为评价标准是不行的。但近两年推崇英美法的东西很吃香，大陆法系的东西好像又不行，又以英美法的东西作为比较标准了。这当然是个别现象，但是似乎又成为一种趋势了。

其三，应该以我们自己的知识水平、身份地位、生活环境对社会资源的需求包括对法律的需求作为标准。这个标准用来对外国的法律理论和制度进行评价，觉得那个好或者适合我们使用，但是这个制度移植过来是要适用于我们全体国民，因此以我们自己的环境、地位、处境作为标准来衡量难免会有偏颇。

其四，批判的态度不慎重。通常比较是为了借鉴，借鉴完了再评判我国的相关制度，本来对于立法的研究和评判是法学研究主要的途径和方法，但是不少的批评文章就缺乏必要的慎重。主要表现在三个方面：首先，是不了解立法进程，我们这个法律要适用于全国的老百姓，而全国老百姓是各种各样的，他有不同的需求，他需要的法律是不一样的，他的利益也是不一样的。立法往往最后是一种妥协，通过协调来平衡这些利益的要求，因此最终出来的法律制度可能谁都不满意，但是相对来说各个方面的利益它都要考虑。如果不了解这样的立法过程，以自己的价值判断作为基础来进行批评，这样的结论很难服众。其次，不了解立法的原意。这点现在也比较突出，一个法律规定或者一个司法解释它的含义到底是什么？有些人不了解，但是就开始进行评判！这样的评判当然就缺乏说服力，当然客观上我国的法律或者司法解释不公布立法理由书是造成这种现象的一个客观原因，但是作为严谨的学术研究来说，不了解立法的原意就进行批评的话，显然是不妥当。最后，是批评得过早。一个法律出台了以后，到底是好还是不好，必须要有一定实践的时间来进行检验，它不是一个逻辑推理出来的结果，它是否能够适应我们的社会生活需要实践来进行检验，因此必须要有一段的适用期以后才能够发现是不是存在问题，是不是值得评判。但是现在只要出台一部法律，马上就有人写文章进行评判，这最起码是不慎重的，你怎么知道它不好呢？当然，如果法律本身有一些技术上的问题，与相关的法律制度相冲突，这是可以进行评判的，但是不要从根子上去评判这样的法律制度。与此相关的一个很奇怪的现象，就是对超越我国现实的法律制度不去评判。其实我们仔细的看一看，特别是一些律师的看法，我们在与律师讨论这些法律制度或者法律规定的时候，他们的感觉很明显，我们有些法律制度超前了。这样就造成老百姓权利实现方面的障碍，权利保护也遇到困难或者成本很高，这些法律制度是属于超前的，特别是我们现在的很多审判制度、司法制度，原来法官就是青天大老爷，你有什么冤枉了，你写一个诉状，到时候法官给你处理了。现在有什么请求权基础、请求权竞合，你要选择，举证责任、举证时限等等，这些东西在外国可以，在我们国家这种法制水平特别是老百姓的法制水平，它实际上是超前的，但是对于这一点我们恰恰缺少评判。

我认为，在各种研究方法中间最重要，在我国长期被人忽视的一种研究方法就是实证的方法，这方面太欠缺了。法律是一个实践的科学，法学也是这样，脱离了实践我们搞法律、搞法学都是相差很远的。因此，各个国家对于社会生活的具体调查都很重视，包括晚清的时候就开始搞大规模的民事习惯调查，而我们这些做研究的呢，没有时间，没有精力，做起来很困难。另外，我们缺乏这方面的专业训练，实践调查是一门技术性很强的工作，所以我们也做不了，希望将来能够引起我们的足够重视。

创作规范当中遇到的第三个问题是关于论证。一般情况下，文章的基本论证方法应当立论，就是首先要确定一种基本论点，围绕这个主体全面阐述它的正确性。有时候要使用驳论，对别人的观点进行批驳，从而确立自己的观点。通常在一篇文章中间既有立论也有驳论。立论是一个前提，也就是说，你在做这个研究的时候，除非是一个比较大的项目，你要写一篇文章应该是在心里面想成熟了，已经有了结论，然后围绕着这个结论去组织你的文章。如果刚开始还不知道将来能够得出一个什么样的结论，那你写文章可能就比较麻烦。我们在论证的过程中应该注意以下三点：

其一，论证要注重体系性。一个国家的法律是一个系统，一种法律理论是一个体系，就好比汽车的发动机一样，它由很多的零部件构成，就某一个零部件来说，它在这个发动机中间发挥的可能不是它最大的效应，它要为配合其他的零部件作出一定的限制，这样就构成一种相对合理的体系，使得它总体的效应最大化，我们在搞研究的时候就要充分注意到这一点。比如我们在制定合同法的时候，特别推崇预期违约理论，结果就把预期违约理论和不安抗辩权融合在一起，实际上我们合同法中间关于不安抗辩权的规定是一个最直白的规定。文章本身也要有体系性的考虑，不管研究的问题大小，都应当自成体系，文章中间写什么、怎么写要有一个通盘的考虑，前后左右都要照顾到，不要把与主体关系不大的内容加进去，显得臃肿累赘。对于这点梁慧星教授有一个方法，实际上这个方法可以解决很多问题，他就是在一张纸上写明这篇文章的主线是什么，与此相关的有哪些东西，然后很直观的去看，哪些地方还应该加什么东西，哪些地方应该删除，这样在写文章之前心里面就有一个体系性的考虑了，这样写出来的文章一定会好看。

其二，论证要注重逻辑性。文章的论据和论点要有直接的关系，这些论据要能够对你的论点提供支持，最起码“八竿子”要能够打得着。另外，文章的结论必须是一步一步推导出来的，至少要符合形式逻辑中的“三段论”的要求。还有就是要前后一致，如果对同一个问题如果前后的价值标准不一样，看上去就很别扭。

其三，论证要简洁。现在有一个很突出的现象，就是把简单问题复杂化，我估计这是从德国学来的，德国人比较善于思辨，他为了追求理论上的完美，我们觉得已经很清楚的东西，他们还要进一步地解剖分析，创造出来一个相当复杂的理论体系。但是，复杂并不等于完美，所以德国的法学家老发现理论体系这有缺陷和那有缺陷，因此他们的法学家就老是有饭吃、有事干。由于我们民族的特点，我们不需要简单的问题复杂化。还有就是所谓的“泛哲学化思潮”，什么叫泛哲学化思潮呢？我们看到很多杂志上发表的文章，其中会引用大量的文献，而这些文献大部分都是外国的，在这些外国的文献中间哲学家的东西占了很大的比例，而法学家的东西反而比较少，甚至北京有一所高校一位博士的论文用一个外国哲学的理论来研究《论合同的撤销》，这看起来很新鲜，但总是觉得有地方不是很对劲。其实研究法律问题不一定都需要哲学本身，现在有的人对哲学似乎有一种偏爱，不管什么问题首先往哲学上靠，如果只是简单地点到为止或者打一个补丁，我们曾经也收到过一篇稿子，问题很重要也很现实，但是写得很“哲学”，有点不符合汉语的习惯，于是大家都看不懂这篇文章，正好作者到北京，我们的编辑就与他进行了交流，问他这篇文章到底是一个什么样的观点？在交流的时候他能够说得很明白，后来我们的编辑就说，你就按照你刚才说的这些内容对文章进行修改。所以，什么东西都要与哲学联系起来这叫泛哲学化思潮，是完全没有必要的！

第三个规范，形式规范。

一定的内容要有一定的形式表现出来，不同的形式表现不同的内容。有相当一部分文章被杂志拒绝刊发，其中一个重要的理由就是写得像教科书，面面俱到，没有主线，论述得不集中，这就说明形式上论文还是有一定要求的。很多人在说什么事情的时候，说得很有思想和条理，但是写出来以后，可能是因为不会组织素材、不懂法学论文所要求的这种形式，因此写出来不像论文。

现在法学期刊对文章的要求大致是这样一条路径，首先就是提出问题，接下来是分析问题，最后解决问题。虽然这样的文章看起来很乏味，会让人昏昏欲睡，但是文章作这样的形式要求也有一定的道理，比较符合我们的思维习惯。因此，文章一开始就要提出问题，交代问题的由来，研究的大致状况，自认为仍然存在的问题或者研究的不足，为自己下面的议论找一个借口。接下来就要对问题进行分析，这种分析有多种方式，我这里就不多作介绍，这是文章的主体部分，这部分要把该用的资料全部用上，要全面的介绍他人的观点并加以评判，表明自己的看法，赞成什么、反对什么要旗帜鲜明，并要提出自己的理由。这部分需要注意的是什么呢？特别是对别人的观点进行评判的时候，可能别人的观点会有几个论据在支撑，你在分析的时候就要注意别人各个论据之间的逻辑关系，如果同意别人论据中间的某几个论据，而反对另外几个论据，这样可能就会搅浑水，人家本来几个论据都是在证明人家自己的观点，你同意其中两个反对其中三个，这个时候可能就会存在问题。当然，这个部分也要抓住问题的主要方面，突出自己的主线，突出自己的论证。第三部分就是把自己的观点加以归纳，如果是制度研究必要的时候还可以列出立法或者修正的建议；这部分还要交代一下，这个问题经过自己的研究还存在什么问题需要进一步研究，以表示谦虚。

第四个规范，引注规范。

引注的重要性大家都知道，在我看来，引注的作用最少有三个：一是表示尊重他人的研究成果，这是最冠冕堂皇的说法；二是为了保护自己；三是表示自己书读得多。不管是有意的，还是无意的，确实存在这样一种现象。

关于引注还有一些需要注意的方面：首先，必须尊重作者的原意，不可以断章取义，不管是用来支持自己的观点，还是作为评判的靶子。有的文章引注很多，有的一篇文章下面可能有一百多个注释，而且外文的著作几十本，这个时候我们就有一个怀疑，你为了写这篇文章都读过吗？而且有的作者很年轻，这从技术上似乎不可能，如果把这些外文书籍都读明白了，然后写这篇文章是不可能的，没有十年、二十年你是读不了的。如果没有通读的话，这中间就有断章取义的可能，而如果根本就没有读过这些书，为什么非要引注它呢？这不就表示自己书读得多嘛！其实引来引去就是那几个人的几句话。还有一种不好的现象就是大段大段地引用别人特别是外国人的观点，引完了古希腊的引古罗马的，引完了德国的引美国的，好几千字过去了仔细看看全是人家说的，自己最多就是把它串连起来，自己的观点看不到，套用一句词形容它就是，“梦里寻他千百度，蓦然回首，那人却在篇头署名处”。（大笑）还有更要命的就是把外国不同流派的人找来，每人来一段或者几句话，作为对自己观点的支持，事实上人家的观点相互之间打得是不可开交，但是在支持你观点的时候就空前一致，这可能嘛？显然，唯一合理的解释就是作者在断章取义。还有一个现象就是没有引注就无法写文章，原来大家评判，言必称希腊、罗马，这东西早就被评判，但是现在有所泛滥，比如我们要解决拖欠农民工的工资问题，有人居然引用了亚里士多德，我们中国现如今很多的情况不但马克思不明白，可能马克斯·韦伯也不明白。（笑）所以，引用应当以必要为限，我们不能为了引用而引用。当然杂志社在处理文章的时候没有把这些可要可不要的引注给删掉，由此就给大家造成一种印象或者误解，就是引注越多的文章越好用。当然，还有另外一个问题就是该加注释的不加注释。对文章有各种各样的观点，但是就不告诉你是谁说的。引注还应该注意到尽可能地追溯到相关论说的原创者。还有就是要引注最新的资料，特别是别人已经出版了修订版的作品，一定要引用修订版，否则你引用了别人已经自我否定了的观点，人家看了以后可能会很客气地对你说，谢谢你啊，还记得我们以前说的话！（笑）

引注还要提供文献相关的准确性，目的就是便于他人核对原文。现在教育部公布了一个注释体例，社科院自成系统就没有按照他们的标准来操作，大家可以看一看《法学研究》杂志的注释体例，就是信息量最大而且最方便。现在有一个比较新的也是比较麻烦的事情就是，网上资料的引用，可能一篇文章引用完了以后，过一段时间就找不到了。因此，如果能够找到书面资料来源的话最好引用书面的资料，实在不行文章后面一定要注明登录的日期，而且在论文中间尽量少引用网上的资料。

第五个规范，文字规范。

文字方面存在很多的问题：

其一，文字不精炼，满篇文章是大白话，同样的意思反复说，有的说上一两句就要举一个例子，生怕读者看不明白。其实你想一想，你写东西是给谁看的，那些人的水平不见得比你差，这样可能很多不用说的话就不用反复的来论述了。还有就是在写文章以前老是害怕凑不够文章规定的字数，结果一动笔就把与文章关系不大的资料加进去，结果文章还没有进入正题时字数就超出文章字数的要求。

其二，文章的标题表达主体意思模糊。原来我们看杂志上包括70年代、80年代以及90年代初期，文章的题目有浅论、略论、试论等等，这样的文章标题特别多，看起来很谦虚，其实你发表论文先把问题想清楚了以后再说啊，你的这些浅论、略论，这样的标题好像对读者不负责任。现在这样的标题少了，但也出现了新的问题，首先，文章的标题写得很长，大标题用了二三十个字，这就需要提高我们的归纳能力。其次，主标题不明说文章的内容，非要加上一个副标题，这样的现象比较泛滥，很多的论文都是两个标题，主标题来个很虚的，本来副标题是要限制文章的内容和范围的，我们好像用反了。再次，法学论文的标题文学化，来一个什么宏大叙事，还以为是研究荷马史诗的。最后，为了使文章的条理更加清楚，文章要使用各级小标题，小标题最可能出现的问题是逻辑层次混乱，同一级标题不在同一个逻辑层次上。大家可以看一看我们博士、硕士论文的目录，一看就会发现很多的问题，一看就不在一个逻辑层次上。再有就是同一级标题有的使用词组，有的使用句子，有的是疑问句，有的是判断句，这些使得读者看上去很不舒服，而且不符合我们的文字规范。

其三，文章中句子所存在的问题。有的文章是一大段一逗到底，全是逗号，最后才来一个句号，真正是行云流水、一泻千里。有的一句话七八十个字，中间一个逗号都没有。相反，有的本来是不长的一句话，非要把它掐成几节，读起来非常不流畅。

其四，文章中用词所存在的问题。我们国内到处都贴上这样的标题，说话要说普通话，我觉得这可以放宽一些，说中国人要说中国话，写文章要用中国词，这是通用语言文字法的要求，也是写文章最起码的要求，也是我们每个人可以做得到的。当然这种词语不断地在发生变化，会有一些新的词语出现，比如"三个代表"、"三讲"、"八荣八耻"，有一些外国的词也逐渐地变成中国的词，但是通常需要用中国字来表达。改革开放以来人们喜欢追求新奇，新词也不断地涌现，比如照相不叫照相了而叫写真，其实我觉得照相这个词是很准确的，照出来很像。再比如上厕所叫洗手，还要把创造改成打造，什么打造幸福生活，打造和谐社会，好像不打就没有幸福生活，就没有和谐社会。（笑）法学论文中间也有一些需要仔细琢磨一番才能明白的词，这个来历大概是翻译外国的法律著作的人的发明创造。再比如打压，原来叫打击，现在不打"鸡"了，该打"鸭"了，可能是禽流感的原因。（笑）这类的词现在在法学文章中间是越用越多，似乎变成一种约定俗成的东西了，但是它到底是一个什么样的确切含义呢，似乎大家都不明白。从心理学的意义上来说，只有他很顺畅地把你的文章从头读到尾，他的注意力才是最集中，他获取的信息量才最大。而读起来磕磕绊绊的，不时要停下来琢磨你用的这个词到底是什么意思，这样就会影响读者的接受能力，甚至影响他的阅读兴趣，这是最致命的。我们写文章是为了让别人接受你的观点，你要是把他搞得不耐烦了，把你的文章随手扔掉，这样你的心血不就白费了吗！

今天的报告就讲到这里，谢谢大家！

嘉宾张新宝：这是一个意外的收获，今天晚上本来有课，我特意让学生们早一点下课，为了赶过来听一听我的旧同事、新领导张广兴研究员做精彩的演讲！我们曾经多次邀请不同的老师来讲论文的写作问题，我一直认为论文的写作是我们法学专业的老师、学生和法律人一辈子的功课，只不过写作的题材不一样而已。但是，基本的原理大致上是相通的。张广兴教授在《法学研究》已经工作了二十五个年头，我曾经与张广兴教授在一个办公室里面工作十六年，实在不堪寂寞走掉了，而张广兴教授却留下来了，留下来的总是好同志。（笑）

张广兴教授今天晚上给我们上了一堂生动而且幽默的写作课，我想不仅大家受益匪浅，我也受益匪浅，希望张广兴教授以后抽空经常来给我们做报告，给我们每一届的同学都讲一讲，让自己的经验发挥更大的作用，以便同学们能够更好地掌握写作方法。

再次，谢谢张广兴教授和同学们！（掌声）

杨建顺（中国人民大学法学院教授）

行政法学研究方法论

18世纪德国启蒙主义哲学家伽渥曾有言：良知的声音是轻微的声音，它在尘嚣之中难以被听到。其实，学术也是轻微良声，它需要我们忘却世间的激越，在寂静中倾听。①

由于行政法学与其他法学科乃至政治学、行政学、行政管理学等领域的关联性，决定了行政法学研究以及行政法学的学术论文写作在方法论上与其他相关学科具有诸多共通的要素，而每一学科的研究及其学术论文的写作，根据其选题的不同又有诸多特殊的要求，因此，这里所论行政法学方法论及研究论文的写作问题，只能是限于提供必要的、最低限度的相关经验、常识和规则，读者仅理解和掌握了这里所谈及的经验、常识和规则并不一定就能保证其必定会写出优秀的学术论文，在行政法学研究方面取得骄人的业绩，但是，我坚信，只要正确地遵守了有关规则，参考了相关经验和常识，就可以避免至少可以减少其学术研究中的失败，避免在行政法学术论文写作中出现不合乎学术要求的情形。

① 参见郑永流：《审批与等级——学术自由的敌人》，载《法律与生活》（半月刊），2003年9月下。

一、学习研究方法的方法——相互尊重，学会接力赛

行政法学研究，是指研究者对某个问题进行调查研究，以行政法学的视角进行架构，并将成果（观点、论文、调查报告、评论等）予以发表的一系列工作。要使得这些工作称得上学术研究，要使得相关研究成果具有相应的价值，就必须以适当的方法来从事相关的工作。行政法学研究方法论可以从内容和方法两个方面进行探讨，只是有时候这两者很难区分开来——研究内容决定研究方法，研究方法本身就是研究内容的组成部分。通常所说的学术研究，创作内容是其主要方面。关于如何创作其内容的问题，宜于由各个研究者以自己的责任来决定，任何人都可以在充分探索的基础上持有一家之言。因此，对于学术研究成果，每个人都可以持有自己意见，既可以是与作者相同的意见，也可以是不同的意见，甚至是完全相反的意见。但是，无论自己持什么观点，都应当对他人的研究予以尊重，而不宜轻易采取完全否定或者不屑一顾的轻视态度。

好的方法有助于有效地创作出研究成果，因而学习相关的研究方法并加以活用是必要的。甚至可以说，研究方法是决定研究内容的条件。

其实，掌握研究方法的方法本身也有诸多种类，最初可能是自学，或者从朋友那里学习，也可能是从教师那里学习。对于现代行政法学研究来说，最为重要的学习方法或者途径，当是从教师那里学习。教师所教授的有些方法是适合于自己的，而另外一些方法也许并不一定就能够成为适合于自己的方法，因而学子、学者都有必要进行方法创新，以使所学到的方法成为自己的方法，并进一步开发确立新的方法。这是一种世代相传的接力赛，是学

术研究繁荣发展的重要支撑。

换言之，虽然教育者、指导者可以总结归纳诸多范式以供初学者参考，教师们也可以展示自己学术研究成功的路径以指引学生步入学术研究的殿堂，甚至为了提醒后来人不走弯路而不惜将自己失败的教训公之于众，但是，必须注意的是，教育者、指导者所提供的范式或者路径毕竟只能是前人的经验或者教训的总结，这种总结也许在形式上、外观上可以体系化、规范化甚至流程化，但是，其本质上是不宜体系化、流程化的，对于相关的方法论规范来说，只有其被研究者本人所选定并具体运用之后，才能显示出其内在的价值。重要的是，对学术研究成果采取客观尊重的态度，从内容上和方法上予以尊重、确认或者批驳、扬弃，在疏理既有研究成果的基础上展开新的研究。哪怕是微不足道的一点点创新，那也是值得予以充分肯定的。

从方法论的角度来看，对他人成果的尊重是最佳的成功途径：对自己认为好的、正确的观点予以引用，作为自己所主张观点的论据支撑；对自己认为不好的、不正确的观点予以驳斥，形成和提出自己的观点。为了使学术研究成果能够对他人有所帮助，应当尽量使读者能够清楚地区分事实和推测、别人的观点和作者自己的见解，应当明确阐述作者主张的根据，标好注释。

二、培养对行政法学的兴趣——正视行政法学与其他相关学科的关系

俗话说，好则精；喜欢是最好的方法。记得在我刚刚进入日本一桥大学大学院法学研究科攻读硕士课程之际，时任法学研究科长的久保欣哉先生在新生入学仪式上致词，意味深长地提出了

硕士生起码应当具备的价值观——宁愿成为除了学问以外什么都不懂的人，也不要成为连学问都不懂的人。久保先生的话深深地铭刻在我的心中，一直激励着我在其后的求学和研究生涯中全身心地投入到学术研究之中。我认为，对于行政法学研究的方法论来说，最为重要的一条就是培养对行政法学的兴趣。读过《福尔摩斯探案集》的人都知道，福尔摩斯正是凭借其对自己研究的执著追求而取得了惊人业绩的。福尔摩斯可以对哥白尼的理论及太阳系的构成全无了解，可以全然不了解地球绕着太阳转的道理，并且他竟然固执地发问："咱们绕着太阳走和绕着月亮走，对于我和我的工作有什么影响吗？"[①] 当然，除了自己所研究的学问或者从事的工作以外，若能够对其他事情也有所了解，这肯定是非常理想的。实际上，福尔摩斯也是一位足智多谋、知识渊博的人。但是，由于人的精力往往是有限的，对于大多数人来说，如果将其精力分散用于诸多方面，也许很难有所建树；而如果能够将有限的精力集中于某一个领域的学习、研究，则可望有较深的造诣。所以我要强调这一点：培养对行政法学的浓厚兴趣是切实掌握这门学问的重要前提。

然而，由于行政法学自身的繁杂性等特点，使得人们对这门学问的兴趣培养往往存在诸多问题。

作为高等院校中一门独立课程的行政法学，在通常的情况下，应该在宪法、民法和民事诉讼法、刑法和刑事诉讼法等基础科目的基础上开设。[②] 之所以这样安排，是因为行政法学具有较为

---

① ［英］柯南道尔著，浩宇、明亮译：《福尔摩斯探案集》，10页，北京，中国社会出版社，2000。

② 日本高等院校现在都是这样设置的，而在中国高等院校目前还个别地存在着先行政法学后其他法学课程的情况。我认为这种状况应当尽早改观。

独特的历史性、法理性的性格①或者内容。行政法学与相邻各种各样的法学部门，有时甚至和行政学、政治学等法学部门以外的社会科学部门之间具有或多或少的联系，其联系的广度和深度，往往是其他法学所无法比拟的。当然，无论是民法，还是刑法，或者说所有的法，都不可能与本学科以外的其他法学或者社会科学毫无联系。例如，民法和商法、民事诉讼法之间的相互关联性，刑法与刑事诉讼法、刑事政策的相互关联性等。但是，对应于现代行政的复杂化、多样化，行政法和相邻诸法学之间具有特别的、压倒一切的、极为密切的，甚至是不可分割的关联。在这种意义上，我必须在这里对前面的命题进行补充：作为法学的一个独立学科，和其他法学一样，行政法的目的当然在于解决人类的社会问题，具体说来，在于防止和解决个人与国家之间的纠纷，解决与国家行政权力运作相关的一系列问题，而学习、研究行政法学的直接目的在于对关于行政法的专门事项或者专门领域进行探讨，把握其现状，发现其问题，探寻解决问题的途径、手段和方法，因此，仅拘泥于行政法领域的专门性就难以精通行政法学，即使被批判为“杂学家”，也有必要培养不拘泥于专门的“行政法”、

① 德国的国家法学者拉班特评论奥特·玛雅最初的著作《法国行政法的理论》，认为行政法“并不是法的特别的一种，而是关于公共行政的法规范的总和”，“是各种各样杂乱无章的法规范的集合”，“在被收集于其中的各种各样的法规范中，属于私法、国家法、刑法、诉讼法的，在该集合成为问题时，已经具有了各自的学术上的乡土（wissenschaftliche)。不过，其中也有根本不具有自己的学术上的乡土的。这就是行政法。”正是由于这样，奥特·玛雅以将行政法升格为自古有之的法学各部门同等同格为目标，主张展开并整理“有关行政的固有的法”（Verwaltungeigentumli-cheRecht）的理论。由此可以看出，行政法（包含行政诉讼法）这一学科，至少在和宪法、民法、刑法、诉讼法（民事诉讼法、刑事诉讼法）等古老的基础学科相比较时，由于不具有行政法的法典，显然曾经处以落后的地位。

对其他相关领域的事情或者现象都有所关注的好奇心。

现代国家的行政法是关于在人民主权之下、由人民监督和参与的行政的法，一切行政特权的优越性都必须服从法治行政原理的制约，因而，行政法的主要课题是如何保障和增进自下而上的国民权利和自由。具有这种性质的行政法，对于具有积极的求知欲的学生来说，无疑是非常具有魅力的法学领域，值得花大力气潜心钻研。特别是作为行政实务家，在政府机构的日常事务中，必定有重新认识现实的行政及行政法的本质的机会，需要回归行政法研究、学习的原点，特别是要求在整个法学体系中来把握行政法的地位，研究作为公法一环的行政法和成为其上位概念并为其提供法根据的宪法的关系，进而与构成行政法的体系、内容的诸问题相关联，要求探讨必然发生的与相邻各法学的关联。既然行政法不是仅进行形式上的、逻辑性的法解释学探讨便可以完结的，不可以忽视行政的概念和实际形态，那么，行政法学研究就必须对行政法的活生生的、丰富的、实际的内容及其存在基础予以必要的重视，并进行相应的探讨。因此，学习行政法时，也该抛弃抽象思维，在学习和掌握行政法学一般理论的前提下，应该尽量多地接触具体案例，结合有关案例的剖析，培养一般理论的应用能力。①

三、培养行政法学研究能力——注重基础能力，戒除急功近利

行政法学是一门实践性很强的学问，无论是其内容还是其研究方法，都需要强调理论联系实际。但是，要真正做到理论联系

---

① 参见［日］南博方著，杨建顺、周作彩译：《日本行政法》，2页，北京，中国人民大学出版社，1988。

实际，取得优异的研究成果，则必须具备相应的基础能力，不宜急功近利地生搬硬套。和研究其他学问一样，研究行政法学也需要注重基础能力的培养。行政法学研究的基础能力有很多种，大致说来应包括：语言能力、读解能力、问题意识能力、调查能力、整理能力、理解能力、质疑能力、分析能力和归纳总结能力等。可以说，这些能力是诸多学术研究的基础能力，也是行政法学研究的基础能力。

（一）语言能力

对于中国行政法学研究者来说，作为母语的中文能力自不必说，外语能力也是不可或缺的。说起外语能力，若会话能够达到不逊于母语程度的话，那当然是再理想不过的了。但是，对于没有在国外长期学习、研究和交流经验的一般研究者而言，这种要求显然是不切实际的。况且，对于研究者来说，即使达不到这种程度，只要能够正确地用外语来理解和表述专业问题，具备了外语的读解力、表达力和说服力，也就可以进行正常的研究了。当然，如果能够解读和书写多种外国语的话，对于行政法学研究来说将会带来诸多便利，只是需要另外下工夫去研究实用的多国语学习方法，那就不是能够在行政法学方法论中讨论的问题了。

（二）读解能力

俗话说，读万卷书，行万里路。在大量阅读的同时或者在其基础上，应当有意识地培养自己对与研究方向相关的文献资料进行深入阅读的能力。这种对相关文献资料进行深入阅读的读书能力主要包括读解能力和归纳能力。收集资料的能力也是搞学术研究所必需的基础能力之一，但是，仅仅兼存并蓄是不够的，只有大量地、高质量地阅读文献资料，才能够为进一步的研究奠定坚实的资料支撑。作为学术研究，阅读文献资料并不仅仅是阅读，一个星期内读完一本书甚至数本书的读法，是应当尽量避免的。作为学术研究，阅读文献资料更重要的是从作者、译者等所使用的语言文字中，正确地理解其论述的逻辑乃至全体的构想和体系。当然，作为学术研究的阅读有两种方法：其一是只将想调查的部分挑拣出来阅读，而将其他部分省略之。这是大多数研究者所采用的方法，比较实用，但有时候可能难免犯断章取义的毛病。其二是必须看完作品的全部内容，进而体会、探究其旨趣，并作出相应的取舍判断，将自己支持的部分和反对的部分搞清楚，并将各部分进行比较分析、归纳总结，利用从作者、译者那里获取的智慧来补充自己的智库。这种阅读文献资料的方法有利于培养读解能力，但它需要花费相当多的时间和精力。我比较喜欢的是将这两种方法结合起来，在某个领域选择一本专著精读之，其他选题相同或者类似的文献资料则可有选择地阅读自己需要的部分。精读专著，掌握体系、框架，选读其他，补充、参考、比较、完善之，有助于形成更加丰满、完善的学术体系和学术思想。

（三）问题意识能力

在学术研究上，坚持做自己的工作，全身心地投入到自己的学术研究中，这是人间正道，重要的是自己的创新，而不是单纯的模仿。无论是自然科学还是人文社会科学，研究对象的选择对于研究者是否成功往往具有至关重要的意义。在众多事件、现象之中选择特定的事件和现象作为学术研究的对象，这就是问题意识，对学术研究对象进行选择或者提炼的能力是必要的，而其选择、提炼过程本身是研究者应该认真学习、仔细琢磨的方法之一。问题意识能力也有“天分”的因素，而大多数人靠后天训练。俗话说，熟能生巧。面对一个个难题，有时候即使认真地去研究了，也不一定就能够获得成功，甚至会带来令人悲观和绝望的结果。

每当遇到这样的境况，应该明白的是：重要的不是技术性手法，而是从正面应对困难的不屈不挠的意志和精神。经过磨炼，问题意识能力就会增强。对于那些迎着困难上，成功地完成了相关工作的人们，不管他们的工作是什么，我向来怀有无上的尊敬之意，认为他们是了不起的人，是挑战难题而值得学习的模范。这种成功背后就有问题意识能力的支撑，而问题意识能力的增长则源于坚持不懈的探索。要学习行政法学研究方法的话，则有必要超越行政法学研究领域，认真学习这种问题意识能力和坚忍不拔的应对困难的精神。

（四）调查能力

行政法是实践性非常强的部门法，作为研究行政法的行政法学，在资料收集方面还必须注重对现实的关注，将现实生活中发生的各种行政法问题作为研究的素材，形成第一手研究资料，运用行政法学一般原理对其进行研究，以比较行政法学的视点对其进行剖析，对于提升学术论文的价值，具有重要的意义。凭自己的双脚到现场考察，亲耳聆听当事人的声音，运用所收集来的资料完成学术论文的写作，即使该论文中没有高深的理论陈述，也没有许多参考文献的引用，其应当能够受到较高的评价。这种道理与运用外文资料的外语能力是相同的。

当然，对于大多数中国行政法学者来说，实地调查研究的机会并不是很多，甚至可以说大多数研究是基于既有的资料完成的。但是，对于实用型法律人才来说，培养这种调查能力，应该是必要的，而且也将有助于他们在行政法学乃至其他法学科的研究中获得成功。

（五）整理能力

行政法学研究和其他法学专业学科的研究一样，在资料收集方面需要注意处理好信息爆炸和资料筛选的矛盾问题，这就特别需要培养资料整理能力。例如，大量的法规范和案例，要全部查阅完毕的话，往往会被搞得筋疲力尽，还很难理出个头绪。不仅存在大量纸质的传统载体的资料，而且因特网上也有大量的信息，通过搜索引擎进行关键词检索①，便可以把握学界的动向及专业领域的业绩积累，这些对于论文写作都会有很大的帮助，但是，若处理不当，可能会深陷于资料整理的体力劳动过程之中而无法自拔。

（六）质疑能力

学问始于质疑，没有质疑便没有创新。所以，对于行政法学创新研究来说，质疑能力是重要的研究基础能力。社会科学的对象是现实的社会现象，这决定了仅以概念的纯粹理论思辨来构筑论文是没有多大意义的。学术论文不仅是对“头脑中堆积了多少知识和信息”的考验，而且也是对关于某个题目所收集的知识和信息的考察，更是对这些知识和信息的理解和运用能力以及基于这些知识和信息的创新思维的考验。而质疑能力是进行创新思维的基础前提。

学术研究及学术论文的写作，其目的可以是多种多样的，但是，作为具有社会价值的行政法学研究成果或者学术论文，其目的应当是就某个问题对既存的知识及信息进行收集和整理，并添加自己的

---

① 利用因特网上发布的信息展开研究，无疑是非常便利的。但是，由于其可信赖性各不相同，且长期存续性往往不能得到保障，特别是在网管不断介入，时常关闭网站的情况下，对于所引用的材料应当注意留存备查。无论如何，我不赞成对引用因特网上的信息资料不予承认或者加以排斥的做法。当然，要使因特网成为论文写作的好帮手，就要在引注的客观性、准确性方面多下些工夫。对于政府机关的文件来说，在因特网上发了快报版后，一般都会有纸质的正式版，在论文中应尽量引用正式版。

考察和基于事实的验证等所谓“附加价值”，通过公开发表或者送交有关部门，为学术进步和体制革新作出贡献。当然，在训练写作阶段并不一定能够达到这一目的，实际上或许并不能对学术研究和体制革新有什么直接贡献，但是，既然立志于行政法学研究，从习作阶段就应当具备这种姿态，认真对待每一次习作。

无论是习作还是实际用于发表或者提交有关部门的行政法学研究成果，都应该遵循有关约定规则——叙述要清楚，必要的信息要完备、准确，态度要客观，尽量多地使用逻辑语言，避免感情用事；尽量不使用或者少使用修辞性、戏剧性的表述，不必或者不应追求所谓生动、形象等修辞。尤其是对他人的学说或者既存的制度予以批判乃至否定时，特别需要注意这方面的问题。这是学术论文不同于时论和文艺作品等其他文章的重要特色。培养和提高质疑能力，应当建立在扎实的论证的基础之上，基于自己所掌握的信息或者资料，列举这样那样的理由，指出某种观点是错误的或者不当的，这就足够了。如果能够进一步提出解决问题的对策，则可以将讨论引向进一步的深入，这是值得提倡的。作为学术批评，质疑能力并不依存于添加多余的感情色彩的话语，相反，过多的感情色彩的话语，可能使得本来正确的质疑、批评难以发挥其应有的作用，难以实现其所追求的正确目标。恪守这一规则，是学术批评健康发展的保障，也是学术研究健康发展的保障。

（七）分析能力

分析能力是指对发现的问题以及汇集的资料中所蕴涵的许多意思，特别是隐藏在深层的东西，能够剖析、梳理出头绪，准确而及时地对诸多因素中的某个因素予以研究便能解决问题的判断解释能力。

（八）归纳总结能力

归纳总结能力是指对经过分析研究后所得到的部分的、零碎的，甚至是杂乱的要点、意义和内容等，包括研究者自己的探究和收集的资料所显示的上述要素，依据学术规范要求进行取舍选择，进行整合性、体系性排列乃至组合构思的能力。

阅读完了资料，如果不能制作笔记（无论是纸质的还是电子的），以保存所读解的内容，那么，对于增加修养可能是有用的，而对于学术研究来说实际上往往起不了应有的作用。这是因为，学术规范要求对所引述文献加以准确的注释，而时过境迁，所阅读过的资料留在脑海里的也许只是模糊的印象，是无法将其作为研究材料来使用的。因此，有必要制作适当的读书笔记。这样，为了将读解了的主要旨趣予以记录，就不得不掌握归纳总结能力。只要读书笔记做好了，文献资料的主要旨趣便可据此而得知，同时也可以选择关键词。其实，在整个学术研究过程中都会不断地需要归纳总结能力，尤其需要强调的是，它是确保将无数分散的信息、数据、事件等有条不紊地、逻辑严密地集合在一篇学术论文之中的保障。

（九）自信心是研究基础能力的增强剂

作为研究者，任何人都应当具有相应的研究力，这是毋庸置疑的。但是，由于人类的个性存在各种各样的特征，特别是这些基础能力方面，往往是因人而异的。除了被人们称之为“天分”的先天性因素之外，这些能力都是可以经后天训练并不断提高的。树立自信心，坚持不懈地训练，研究基础能力就会有所提高，伴随着研究成果的积累，可望得到飞跃性发展。不必为自己的研究基础能力不如他人而自叹。只要常常留心观察学习，就能够从他人的研究成果中得到诸多启迪。

四、收集、整理、运用资料——兼存并蓄，事半功倍

如前所述，作为行政法学研究接力赛的基本要求，应该尽量搜集有关同一问题的可以信赖的记录，有比较地阅读，寻找根据，以自己的语言重新构筑事实，并展开自己的分析。

关于资料收集的问题，尤其值得强调的是，域外的原版资料和信息具有较高的价值，因而要求具备相应国家或者地区的语言能力。在长期的研究生论文写作指导过程中，我一贯强调、重视这样一个原则：应当尽量运用域外的资料；运用域外的资料，即使由于翻译等方面的因素制约，使得其在语言表述方面不是很理想的学术论文，与纯粹运用既有的母语资料“炒冷饭”的、语言通顺的所谓学术论文相比，我对前者给予更高的评价。这是因为，在相互依存进一步发展的现代，行政法学领域的任何国内的研究课题，都和全球性的现象相联系，都与域外的经验或者理论具有相互借鉴、参照的必要性。更有价值的行政法学研究，其本身就应当是比较行政法学方法论的具体运用的结果。

此外，在学术论文中，对于所依据的资料及参考文献，应当注明其出处。文献表示有各种各样的方法，有不明白的地方，应当及时找导师请教。值得强调指出的是，在引用文献及资料，或者就其内容进行写作时，应该尽量从原文中引用。这句话包括两方面的意思：其一是说，国内文献之间的转引用现象应当尽可能避免，尽量找来原著加以引用；其二是说国外文献应尽量引用原版文献，若自己不能读懂或者读不太懂的话，则不必强求对外语原版文献进行引用，则应当选择较好的翻译文献加以引用。翻译文献是原作者和译者的共同作品，因此，对翻译文献进行引用的

情况下，一定要明确标注清楚原作者和译者。[①] 如果掌握了一定程度的外语，尚未达到自己完全读懂原版文献的程度，而该原版文献已出了中文翻译版本，那么，最好是原版文献和翻译版本对照阅读，既可以提高外语水平，又可以增长专业知识，说不定还可以发现作者和译者共同创作之妙。当然，引用时必须根据前后文的关系，按照其本来的意思进行引用，切不可断章取义。

在论文的最后，应该附加参考文献。从学术论文的严谨性和完整性的角度考虑，应尽量详尽地列出参考文献表。当然，以注释的方式进行的标注同样是必要的。提供参考文献列表，则应当遵循一定的基准，例如，以出版时间顺序，或者以著作读音或者笔画排列，也可以作者音序或者笔画排列，还可以按照在论文中出现的前后来安排，等等。总之一句话，切不可随意地、杂乱无章地加以罗列。我认为，最简单，也是最常用的一种方法是按照出版（发表）年代来排列。当然，正文中所表示的资料、引用文献，原则上都应该包含在内。不过，新闻报道及判例、公文等，由于数量过多，在正文中明确表示出处的，在参考文献中也可以省略。

五、珍惜交流和请教的机会——勤学好问，“三人行必有我师”

行政法学研究应当在大量阅读文献资料的基础上创新研究成

---

① 目前国内学界往往出现只标明原作者却不标明译者的现象，这是极其不应该的。正确的做法应当是以译者和译著名称为引用对象，并在翻译文献之后，使用括号写明原书题目及作者、出版社等。当然，各出版社、期刊社等的体例要求不尽一致，具体格式当然要服从相关要求。即使在由于篇幅限制等原因不得不删除一部分文字内容的极限情况下，我认为，译者姓名是绝对不可以省略的。

果，因而，作为学术研究的手段，最为重要的当是向文献学习，甚至可以说所谓学术研究就是“向文献学习”。然而，面对浩瀚的文献资料，有时候虽然自己一直在努力学习，却很难理出头绪，无法完成想要进行的研究。如果陷于这种状态，则说明所选择的课题超出了自己目前的能力，不如干脆放弃所选择的课题，进行方向转换。不过，有时候失败和成功之间只是一步之隔，也许不必转换方向，只是调整一下研究问题的视角，就可以步入成功的行列，而这种视角调整的契机，往往产生于交流讨论或者导师指点的过程中。所以，经常和同学、同事、朋友等交流，向导师请教，掌握搜寻信息和筛选资料的途径和方法，是非常必要的。在朋友之中，也许有的人并没有出版学术专著而只有学术论文，有的人甚至连学术论文也没有，这样的年轻学子、学者之间的交流同样能够产生对学术研究的启迪，甚至是创新思维的重要源泉。

进行学术研究，向导师请教，看起来是最理所当然了。然而，也许有很多学生会抱怨说导师很忙，没有时间指导自己。其实，我认为，向导师请教的机会非常多，关键在于是否能够抓住并珍惜这样的机会或者契机。尤其是目前许多导师为自己的弟子开设定期研讨例会的情况下，应当充分利用这样的机会向导师学习研究基础能力。不参加导师主持的研讨会，理由可能是很充分的，但是，我认为那是极其不明智的。通过参加导师主持的研讨会，可以实现“一石三鸟”的目的：与同学、朋友进行交流、讨论，互相学习，互相了解，长了学问，增了友谊；展示自己所学，锻炼表达能力、交流能力、讨论能力和问题意识能力，学习提高分析能力和归纳总结能力等；请教导师，指点迷津，答疑解惑，教学相长。

在学位论文写作过程中向导师请教，需要建立在对相关问题的一定研究的基础之上。例如，要就选择论文题目问题向导师请教，就应该自己首先对这个问题进行相应的探索。论文题目的选择是决定论文命运的根本性决定，而选择什么样的题目，与专业领域、学界的动向、自己的能力及知识、论文的篇幅及时间的制约等许多要因相关，不能一概而论。许多研究生在选择论文题目时感到迷茫，希望导师给指定个题目。我认为，这种做法是不可取的。因为选择论文题目本身就是对一个人的问题意识能力和归纳总结能力的考验。为了确定有意义且有实效的论文题目，应该在广泛涉猎相关学科知识的基础上，确定自己感兴趣的若干个题目，并对每个题目列出写作提纲，确定以这个题目写作论文将涉及的内容，然后有目的地进行资料收集、整理和分析。经过一定时期的不断积累和尝试，围绕自己选定的若干题目展开相应的研究，不仅有助于最终选定适合于自己的研究课题，而且这个过程将有助于自身研究基础能力的培养和提高。当然，如果经过对若干题目进行尝试，依然对自己的最终研究课题没有信心或者感到迷茫的话，就应当虚心地向导师请教。向导师请教是非常重要的，但是，应当尽量注意避免将题目的选定完全依赖于导师指定（而不是指导），自己毫不努力的做法。在日常指导研究生写论文时，我一贯采取的方法是“自由放任”，一般不为研究生指定论文题目，而是在相互探讨的过程中，引导学生自己确定之。其实，在指导研究生确定论文题目的过程中，不仅研究生的知识量增加，问题意识能力和归纳总结能力等增长，而且导师也能够从这个过程中得到诸多启迪。

一般而言，学术研究应当坚持“平日的学习广泛涉猎，论文的题目坚决紧缩”的做法。谁都想把感兴趣的事情全部写下来，但如果确定了范围过大的题目或者难度过高的题目，则往往得不偿失。这是我经常体验的一种滋味。现代已是终身学习的时代，对自己感兴趣的问题进行研究的机会很多，研究的生涯并不一定以毕业论文或者学位论文为终结，而且，对于许多学生来说，写毕业论文或者学位论文只是做学问的开端，是将来进入学界展开深入研究的基础阶段。因此，应该尽量选择适合于自己目前状况的题目，而不宜好大喜功，选择过大、过难的题目。在收集资料、整理和分析资料，进而基于有关资料进行论文写作的过程中，就会逐渐积累经验，不断地成长起来。

无论是向导师还是其他教师请教，或者与同学、朋友交流、讨论，都应当珍惜好不容易得到的机会或者契机。当然，学术研究主要靠自己的选择、判断以及持之以恒的毅力，而多一些交流、讨论、请教的机会，有利于养成较为全面系统的研究基础能力。

六、把握规律，全力以赴，夯实行政法学专业知识

根据福尔斯托霍夫（Forstohoff）的定义，行政是“面向未来的社会形成活动”。因此，以行政为研究对象的行政法学，在某种意义上可以说是一门未来学。但是“未来存在于现实之中”。为了对未来作出确切的预测，就得努力认识、分析行政的现实，从中发现孕育着的未来。[①]

行政法学研究论文要求对事实说明或者法律判断进行必要的事实、学说及制度的记述，并附加相应的信息取舍和选择。与主题无关的多余信息的记述应当尽量避免，与主题有关但众所周知

① 参见［日］南博方著，杨建顺、周作彩译：《日本行政法》，2页，北京，中国人民大学出版社，1988。

的事实，有时也需要记述，但仅有这种记述的论文是没有多少价值的，至少从创新思维的角度可以这样说。当然，若能以众所周知的事实为材料，从中发现人们所不曾注意到的关系及类型，或者建构人们不曾发现的理论意义，那么，这样的记述等于添加了新的“附加价值”，因而也就具有了其作为论文的价值。

有时论文并不要求进行原因的说明及法律判断，而是要求进行记述。这种论文称为“记述体论文”。一般说来，记述体论文的价值取决于其在多大程度上挖掘、介绍了未知的事实。在这种意义上，我们说对于尚未在本国介绍的外国制度及现象的记述，其本身就具有较高的学术意义。严重欠缺对于外国制度和现象的客观记述，这是中国行政法学研究的现状，它也揭示了未来相当长时期内中国行政法学研究的课题。

对于行政法学研究论文来说，事实的记述和说明都是必要的，而相应的“法律判断”（legal judgement）当是其中心内容，也是其区别于政治学、社会学、行政学、行政管理学乃至历史学等注重“说明事实”的学术领域的重要标志，其所强调的是对诸多利益的均衡以及公平且适当地解决纷争的方法之追求。

一般说来，学位论文应当尽量避免在所谓政策建议（policy advocacy）、立法建议（legislation advocacy）之类的问题上耗费精力，更应该力戒所谓立法试拟稿之类的工作。从本书关于立法政策学、行政规划等的论述可以看出，政策的制定乃至立法等工作，需要汇集方方面面的意见，在诸多阶层、领域广泛参与、充分交锋的基础上，进行利益衡量和取舍，最后形成统一的意思表示，这个过程是非常复杂的，相关任务非常艰巨，绝不是某人坐在书斋里拟定个建议就能对其产生影响的。纵观近年来的行政法学研究论文，画蛇添足即附加所谓立法（政策）建议的情形比比皆是，这是值得我们予以关注并进行反思的。

诚然，撰写社会科学的论文，选择行政法学为自己的研究领域，当然应该确立某种问题意识，关注现实，展开扎实的实证性研究。如果完全满足于社会现状，感觉不到任何疑问的话，也许就没有必要为相关的社会问题而拼命地收集信息并进行探讨了。探究未知的事实，启蒙人们并改变人们不正确的观点，为合理地改革和完善法律及制度而提建议等，这种强烈的使命感当是行政法学人必备的基本素质要求，值得大力提倡和发扬光大。但是，要使这种使命感和问题意识到达具体有效的立法（政策）建议的程度，则必须经过长期的实践和理论研究的积累。而这些往往正是撰写毕业论文或者学位论文的学生所欠缺的。这样说，并不是主张“学生不要考虑提出立法（政策）建议，不要参与立法试拟稿的撰写”，而是想强调首先应该认真地对成为立法（政策）建议根据的事实进行分析，进行法的判断。当然，行政法学研究论文应当致力于切实地记述社会现象的实际形态，进行原因的客观说明，探讨现行法的具体规定之利弊，对事实以及相关政策作出价值判断，进而探讨应然的理想状态等。并且，作为相关建议或者试拟稿的根据，应当说明其和本文相关理论考察部分的关系。只要其中的过程足够充分，有关论述就应当得到相应的评价。换言之，以服务于制度或者社会改革为目的所进行的研究，不仅不应受到责难，而且应当予以大力提倡。重要的是，只有对实际社会产生影响，有关立法（政策）建议才是有意义的。我在这里想强调的是，研究论文应当尽量致力于理论问题的深入探讨，而不宜满足于对一般事实的记述和说明，更不应该在没有充分研究的基础上以所谓立法（政策）建议、立法试拟稿之类的形式开脱研究者本来应该肩负起来的责任。

在处理行政法上各种问题时，要求我们同时考虑到公共利益和个人利益，辩证地把握利益衡量的基准。行政、行政法和行政法学的终极目的应当是一致的，都在于保障公共利益和个体利益，为人民服务。因此，要想使得自己所从事的行政法学研究能够达至这一终极目的，就应当深入探索行政、行政法以及行政法学的规律，全力以赴夯实行政法学专业知识。每个人都可以有诸多兴趣爱好，的确也有许多人能够在诸多领域作出骄人的业绩，但是，对于大多数人来说，只有将自己有限的精力聚集在某一项事业上，才能够有望取得成功。面对庞杂、纷繁的行政法，面对不断发展的行政需求，面对爆炸性增加的有关行政、行政法及行政法学信息，要学好行政法学，首先应当在充分了解自身条件的基础上，锁定适合于自己的某些甚至某个课题，展开全面、深入且持之以恒的研究。“慎终如始，则无败事。”①

行政法学研究成果应当建立在大量的外部知识及信息收集的基础之上，应当是研究者经过认真思考和深入研究的结果。需要强调指出的是，担心不如实干。“合抱之木，生于毫末；九层之台，起于累土；千里之行，始于足下。”② 只有真正动笔写作，才能够期待合格的学术论文的产生。因此，当所收集资料达到一定程度时，就应该考虑着手写作论文了。

七、学术论文的写作与学术真诚

“正直是最好的美德”。行政法学研究论文和其他学术论文一

① 《老子》第64章。

② 《老子》第64章。

样，都应当提倡大胆假设，注意小心、谨慎地进行论证，诚实地向社会提交真正属于自己的作品。只要从他人的论著中引用了必要的部分，就应当明确地予以注释清楚，这是作为学者应当遵守的基本规范。如果由于一时的疏忽而没有注释清楚，或者注释错了，只要诚实地承认错误，改正过来就可以了，相关人士能够也应当予以谅解。任何人都有犯错误的时候，知错能改，善莫大焉。明明几乎原封不动地引用了别人的东西，却不加以注释，或者进行了错误的注释，被人指出来后依然置之不理，揣着明白装糊涂，则是欠缺学术真诚的一种表现，有可能滑向学术造假的深渊。这种现象应当引起学界的警惕。至于那些故意进行数据的伪造、论文的抄袭、引用的拼凑等所谓学术腐败行为，则不存在辩解的余地，是不可原谅的。对于这样的作品以及制造这样的作品的作者，被侵犯著作权的人可以也应当主张侵权赔偿，甚至提起侵权赔偿诉讼，这是不言而喻的道理，而作为学界的自治组织，学会、研究会等应当采取相应的学术净化措施，起码应当使抄袭、造假者丧失通过学术腐败而获得的社会地位等。只有建立起这样的学术评价和学术净化体系，才会有真正的学术真诚，才会有真正的学问进步。

当然，由于学术刊物有限，发表学术研究成果依然存在严重的技术性、经济性制约，对于尚未成名的学生来说，要寻找论文发表的场所确实存在诸多困难。不过，我认为，这种现状不应成为某些已成名学者将自己的名字冠于学生论文之首的理由。虽然这种冠名的做法的确具有所谓奖掖后生的成分，但是，其容易养成所谓成名学者的“集体懒惰症”，容易助长学术腐败的蔓延，容易窒息学术创新思维。如果那些成名学者真正有意奖掖后生的话，那么，就请光明磊落地向相关刊物推荐后生的优秀论文吧。从被推荐者的角度来看，则应当表示感谢之情，宜于在文章之首专辟一个注释，讲清楚该文得以公开发表的这种原委。不仅作者本人会感谢推荐者，而且读者在读了优秀论文后也会感谢推荐者，作为最大获益者的整个学界更应当感谢推荐者。

作为尚未成名的年轻学子，应该对自己经过认真研究、深入剖析、扎实架构而写就的论文树立足够的信心，坚持以自己的名义向社会公布，为学界的净化和进步贡献自己的聪明才智。当然，这需要有必要的承受能力，对于相当时期内的发表困难等状况，应该具备相应的承受能力。

当我们大力提倡学术真诚之际，还有一个不可忽略的问题，那就是目前中国的学术评价机制应当进行切实的改革。毋庸置疑的是，许多学术腐败的生成，制度性因素占有巨大的比重。这样说并不是为学术腐败者开脱责任，而是想强调指出，铸就学术真诚，需要广大学者的努力，也需要学术界的环境，更需要国家相关配套制度的支撑。

陈兴良（北京大学法学院教授）

法学知识形态及其方法论

法学知识形态和方法论，是从事法学研究之前必须涉及并掌握的重大理论问题，对于初入法学研究之门的研究生来说，更是如此。在此，我想讲三个问题，第一个是法学的知识形态问题，第二个是法学的方法论问题，第三个是从刑法学角度进行相应的考察。

一、法学的知识形态问题

法学知识形态是对法学的一种知识社会学的专门考察。首先要考虑的问题是为什么要研究法学的知识形态问题，或者说研究法学的知识形态有什么意义。我记得前些年我国法理学界提出了一个“法理学向何处去”的问题，就是说法理学要怎么发展。因为法理学是整个法学的代表，一个国家的法学发展水平基本取决于法理学的发展水平，法理学向何处去的问题其实就是中国法学向何处去的问题。我想，法理学界之所以提出这样一个问题，是因为我国的法学理论经过一段时间的发展，已经从意识形态和政治话语笼罩下走了出来。我国过去的法理学以及整个法学理论带有很强的意识形态色彩，都是以阶级斗争、无产阶级专政等这样一些政治话语为主线的，经过上个世纪八九十年代的拨乱反正，法学界对法理学的意识形态倾向进行批判和反思，这是一个“祛魅”的过程，问题是“祛魅”之后的我国法理学该向何处去？这就出现一种迷茫的状况。对于“法理学向何处去”这一问题，法学理论上有不同的回应。我个人认为，应该对法学的知识形态问题进行专门的研究，这对于引领法学理论向前发展具有重要的意义。

法学的知识形态问题，主要是如何看待法学理论的层次性问题。通过对法学知识形态的考察，把过去笼统的法学理论区分为不同形态的法学知识，为不同形态的法学知识勘定相互之间的边界，使不同形态的法学知识形成良性互动关系，促进我国法学理论的发展。换句话说，促使我国法学理论的分化。此前，我国的法学领域处于一种未分化的状态，不同性质的法学知识统而笼之地被放在一个理论框架之下，而这些知识之间实际上是存在着某种冲突的，这说明我国的法学理论本身是缺乏科学性的。法学理论的发展必须促使法学知识实现分化。就此而言，我个人觉得非常重要。那么，法学的知识形态问题，它的研究起点是哪儿？从哪里开始研究呢？这里涉及法学的研究对象——即法的多元性的问题。法学之所以存在不同的知识形态，根源在于法本身的多元性。因此，对法的多元性的考察是对法学的知识形态考察的逻辑起点。对法的多元性问题的考察，我觉得应该包含这样三个方面的问题：

第一种意义上的法，是一种规范的存在。这种规范意义上的法被称为实在法或实定法。实在法的一个基本特征是在一个国家当中发生法律效力，具有法律拘束力的法律规则。规范是法存在的一种基本形式，我们讲到法的时候首先讲的就是法的基本形式。

当然，不同的法系，法存在的规范形式又有所不同。在大陆法系国家，由于采用的是成文法，这种法规范的主要载体就是法条，法条存在于法典之中。英美法系国家，由于采用的是判例法，法规范主要表现为判例所确定的一些法律规则。尽管大陆法系和英美法系之间存在着差异，但是，法是某种规范的存在这一点是无可置疑的，这是法的最基本的含义。

第二种意义上的法，是一种事实的存在。法不仅是一种规范，而且是这种规范对实际生活发生一定作用后形成的某种法律事实，或叫法事实。我们对法的关注，不仅要看到法规范，而且要看到法事实。研究法事实对于正确理解法非常重要。例如，刑法里面研究的犯罪，就具有规范和事实的双重属性。我们在规范刑法学中研究的犯罪是规范意义上的犯罪，是刑法关于犯罪构成的基本条件，即所谓的犯罪构成要件。这些犯罪要件为司法机关正确认定犯罪提供了规范依据，从这个意义上说，犯罪本身是一种规范。但是，一个行为一旦被认定该当某一犯罪构成要件并且构成犯罪，这就形成事实意义上的犯罪，是一种法事实。法规范和法事实这两者是有联系的，法事实以法规范为前提，由法规范确认的。但法事实又不同于法规范，事实具有不同于规范的自身特色，法事实是法规范作用或者适用的一种结果。比如说，婚姻是婚姻法中最基本的内容，婚姻又可分为法律婚姻和事实婚姻，法律婚姻是符合法律要件，被法律认可，受法律保护的一种婚姻关系；事实婚姻则不符合法律规定的婚姻要件，不受法律保护。不过，虽然不受法律保护但它同样是一种婚姻，这种婚姻仍然是一种法律事实。因而法规范和法事实两者之间是有区分的，不能混为一谈。我们在考察法的时候，如果只看到法规范而看不到法事实，显然不是一种客观的、科学的态度。对法事实的考察，我认为非常重要，需要我们认真进行研究。

第三种意义上的法，是一种价值的存在。法不仅是一种僵硬的规范，也不仅仅是一种生硬的事实，在法规范中还包含着价值内容，正是这种价值内容成为对法进行正当性讨论的一种根据。我们在界定法、理解法的时候，还需要透过法规范的表层，发现和把握法的价值内容。法不是绝对的善，有善法也有恶法，这里的善恶就是对法的价值考察。当然，在法学理论上恶法是不是属于法，是有不同意见的，有人主张恶法非法，有人主张恶法亦法。不过，从规范的层面说，无论恶法还是善法都是法，因为它具备法的形式特征。然而，从价值层面说，善法恶法是对法的价值评判，因而恶法非法的命题是可以成立的。这里所谓的非法，不是说恶法就不是法律规则，而是说恶法是不具备正当性的法。

通过以上的对法的多元性的考察，我们可以看到，规范是法的一种基本的存在形式，离开规范也就不存在法；而事实是法的前提和结果，在某些情况下，事实可能是法规范的一个前提，在另一些情况下，事实可能是法规范的一种结果。法离不开作为法规范前提的事实，因为如果不存在法事实，法就没有存在的必要。因为法是要为规范社会生活而设计的，为的是规范某种事实，这种事实正是法存在的一种前提。价值则是法的本原，对于法而言，是不可或缺的因素。由此可见，法具有多元性，也就是法不是一个单一概念，它具有多重的含义，我们只有从规范、事实、价值这三个角度来考察法，才能获得有关法的全新的知识、完整的知识。当然，对法的这种认识，存在着一个逐渐深化的过程。我们总是发现法的事实，然后再发现法的规范存在，而后去提升、去挖掘法规范当中包含的价值内容，由此来对法规范进行正当性的考察，这是对法的认识的一种不断的提升过程。

法的多元性决定了法学知识的层次性。我在前面讲了，法分为规范的法、事实的法、价值的法，对不同的法的研究形成了不同形态的法知识，对于法规范的研究形成了规范法学的知识，对法事实的研究形成了法社会学的知识，对法价值的研究形成了价值法学，即法哲学的知识。法规范学、法社会学、法哲学是法学的不同知识形态，法学的知识形态因而呈现出一定的层次性，从规范法学知识到法社会学知识，再到法哲学的知识，是一个从法的形而下到法的形而上的提升过程，因此，从法的多元性可以引申出法知识形态的层次性。正如有些学者指出的那样，西方思想史上的法的发展变化是引起西方法哲学演变的重要原因之一，就是说整个法学史，其知识形态发展和演变的重要原因是人们对法的认识不断的变化、不断的深化、不断的发展。法的变化应当理解为人们对法的认识的变化，也就是逐渐地认识到法的多元性。这里所谓的法哲学实际上指的就是法学的知识形态，法哲学的演变其实就是法学知识形态的演变。这一点我们可以从法学史上得到佐证，比如，古罗马法中就存在着自然法和实在法这样一种二元观念。当然，古罗马法更关注的是实在法，关注的是市民法和万民法这样的实在法，因而自然法和实在法之间二元对立的紧张关系并没有凸显出来，罗马法的法学知识因之主要是规范法学的知识。这种状况一直持续到近代古典自然法的兴起。古典自然法作为对实在法的批判力量，自然法和实在法的对立得以凸现，尤其在孟德斯鸠的思想当中，法和法律在概念上被区分开来。孟德斯鸠的代表作《论法的精神》并不是一部规范法学著作，而是一部包含着法哲学内容的著作。孟德斯鸠所说的法是应然的法，而非实然的法。应然的法指的是对法的一种价值评判。孟德斯鸠《论法的精神》采取了一种科学的方法，对所谓法的精神进行了深入的批评。在孟德斯鸠的观念中，所谓法的精神并不是一种主观的精神，而是一种客观的存在，是包含在法律当中的价值内容，因而译成法的精神往往容易引起误解。在孟德斯鸠的观念中，法律一词指的才是法规范。法律和法不同，法是一种抽象的、形而上的存在，而法律是一种具象的、形而下的规范。孟德斯鸠把这两者加以区分，这种区分就是对法的不同角度考察的结果。孟德斯鸠在法律之外看到了所谓价值意义上的法，这是对法的认识的一种升华。孟德斯鸠是在法学史上对法进行形而上的价值考察的先驱。在德国古典哲学家当中，黑格尔所倡导的法哲学研究是非常著名的，我们现在所讲的法哲学，主要是从黑格尔开始的。黑格尔把法理念和实在法加以区别，实在法又称实定法，是指在一个国家生效的具体法律规范，法理念是指法的意识的存在，也就是我们所说的法的价值。黑格尔法哲学的研究对象不是实在法、实定法，而是法理念，因而其法哲学是对法的形而上的研究，属于价值法学。所以，这种法与法律的二元区分，实际上是自然法和实在法二元区分的另外一种表现形式。应该说这样一种法与法律的二元区分对青年马克思有一定的影响。青年时代的马克思在一些著作中贯穿了这样的法与法律二元区分的分析框架。当然，这些思想家对法和法律的区分仅仅停留在分析方法、分析工具上，还没有看到这种区分带来的法学知识形态的不同。此后，欧洲大陆兴起了实证主义法学，以凯尔森为代表，这种实证主义法学又称规范主义法学，意图把法学统一于实在法学，反对形而上的思辨方式和寻求终极原理的做法，反对法理学家试图辨析和阐释超越现行法律制度的法律观念的任何企图。实证主义法学想对法学重新做一次清理，把形而上的研究驱逐出法学领域，认为法学就是对法规范的研究，不包括对法的形而上的研究。法律的实证主义试图将法的价值方面的考虑排除在法学研究的范围之外，把法理学的任务限定在分析现行法律制度之内。法律实证主义认为只有实在法才是法律，而所谓的实在法也就是国家通过立法所确定的法律规范。因此，某种意义上说，实证主义法学想对法学知识作一个清理，避免不同法学知识的混杂，想要保持法学知识的纯洁性，这样的努力本身作为理论自觉的一种表现，是有一定价值的，尤其是对推进规范法学的研究是具有重要意义的。不过，我们也要看到，实证主义法学对法学知识试图加以垄断，将法学知识一统于规范法学知识，认为只有实在法学、规范法学才是法学的内容，试图把法哲学这种形而上的、思辨的研究方法驱逐出去的这种做法本身是有其专横一面的。这里面存在着自然法学的知识和实在法学的知识的竞争关系。

除此之外，随着科学知识的发展，尤其是人文社会科学领域不同知识的互相融合，形成了另外一种法学知识形态，这就是法社会学。法社会学基本上是把法当做一种事实加以研究的。法社会学思潮对法学的发展起到了很大的作用，法社会学一方面认为法的形而上的终极问题的研究是虚幻的，另一方面又认为法规范是抽象的，是和社会的现实生活脱节的，如果只是研究法规范，同样也不能获得对法的正确认识，法规范是死的法，法社会学研究的是社会生活中发生作用的法，是一种活法，是一种行动中的法。在法社会学领域中，有很多作出贡献的学者，像马克斯·韦伯、迪尔凯姆等等，其理论都具有巨大的解释力。法社会学让我们看到了法在社会生活当中是如何发挥作用的，以及这种发生作用的机制是什么。这种法不再是一种死法，而是一种活法。应该承认，规范的法和现实的作为事实的法之间是存在巨大分歧的，这种分歧的存在是客观的，如果我们只关注客观法而不关注规范法，显然不是一种科学的态度。

自然法学、规范法学以及法社会学，这些不同的法学知识形态在法学史上先后出现，它们都以各自不同的方式对法学的发展作出了应有的贡献。那么，如何看待这几种不同的法学知识？我们过去往往把自然法学、实在法学、法社会学看作是不同的法学流派或者是学派。我认为这是值得反思的。这里涉及什么是法学流派，这三种法学知识是不同的法学流派还是不同的知识形态的问题。我个人认为把这三种法学知识看作是不同的法学流派，有它的片面性和局限性，并且容易产生误导的作用。实际上，这三种法学知识的对立性并不是内在的，而是由于它们是从不同的角度考察法，采取不同的方法研究法而形成的不同的法学知识形态。因此，不应该看成是不同的法学流派。学术流派，一般来讲，是对待同一个问题，因为价值判断上的区别而产生观点的对立，这种观点的对立形成了不同的流派。然而，自然法学、实在法学和法社会学不是在同一个层次、同一个角度思考问题而产生的观点对立，而是用不同的角度、不同的方法对法进行研究产生的不同的知识形态。我们不能把这三种法学知识之间的对立绝对化，甚至在某种意义上说，它们的观点根本没有对立，不形成对立。因为是在不同的角度，用不同的方法研究法而形成的知识形态，而不是同一个角度、同一种方法研究法而形成的不同观点。只有在后一种情况下，才有对立可言。我觉得这是值得研究的问题。在这个意义上，我赞同美国法理学家博登海默提出的综合法理学的观点。博登海默对于自然法学、实在法学和法社会学这几个不同的法的知识形态的认识是比较客观和正确的。博登海默曾经说过这样一段有名的话，法律是一个带有许多大厅、房间、凹角、拐角的大厦。在这种情况下，在同一时间，想用一盏探照灯照亮每一间房间、每个凹角、每个拐角是极其困难的。尤其当技术知识和经验受到局限的情况下，照明系统不适当或不完备时，情形就更是如此了。因此，博登海默说，我们似乎可以恰当地指出，这些学说最为重要的意义乃在于它们成为整个法理学大厦的极为珍贵的建筑之石，尽管每一种理论只具有部分和有限的真理。随着我们知识的扩展，我们必须建构一种可以充分利用人们过去所作的知识贡献的综合法理学。博登海默没有再把自然法学、实在法学、法社会学看成是互相对立的、你死我活的知识，我们不能站错队，只能站一个队。这样的观点显然不对。博登海默的观点是这样的，不同的法学知识构成了法学理论大厦的组成部分，是它的建筑之石，应当把这些法学知识综合起来，最后才能使我们对法的认识更为全面，因为每一种知识都是有局限性的。所以，综合法理学不反对从各个视角对法进行研究，但又将其纳入到法学的理论体系，使之在法学理论的大厦中找到自己的位置。各种法学的知识形态丰富和充实了法学知识，扩大了法学领域，各有其对法学的贡献。这样一种理解，我认为是比较可取的，一个国家的法学应当容纳不同的法学知识形态。法哲学作为最高的法学知识形态，它标志着一个国家、一个民族对法的感悟和体认的最高水平。如果把法学研究完全局限在法规范的考察上，法规范的价值内容就可能没人关心，失落了法学的人文关怀，法学就会沦落为一种纯技术的分析，成为一种工具主义的法学。当然，我们也应看到规范法学或者实在法学是法学知识的主体，因为法学毕竟是一种应用型的学问，完全否认规范法学的规范性和正当性，法学就会堕落为哲学或者其他学科的附庸，就会变成虚幻的学问，就会难以有其理论发展的强大生命力。因此，对这三种不同的法学知识要有一个正确的认识，应该看到这三种知识是法学的不同的知识形态，它们在一个国家的整个法学理论的知识大厦中，各有各的位置。我们现在做的工作，并不是强化它们的知识对立性，在不同知识形态的相互冲突中，消耗我们的理论资源，而是要形成这三种不同法学知识形态之间的良性互动关系，从而促进、提升我们整个法学理论的水平。

二、法学方法论问题

法学方法论和法学知识形态问题有着密切的联系，从某种意义上说，法学不同知识形态的形成，在很大程度上是源于采用了不同的法学方法论。探讨法学知识形态必须涉及对法学方法论的考察。法学方法论是一个复杂的问题。在法学领域中始终涉及一个问题，即法学到底是不是一门科学。法学的发展始终为这一问题所困扰，而这个问题又和方法论问题有关。德国著名法学家拉德布鲁赫曾在讨论法学方法论的时候做过以下这样一段精彩的论述：就像因自我观察而备受折磨的人多数是病人一样，有理由去为方法论费心忙碌的科学，也常常成为病态的科学，任何健康的科学并不如此操心地知道自身。这段话非常有意思，从这段话中我们可以引申出三层含义：第一层含义，一门学科的科学性主要取决于方法论，因而对该学科科学性的考问就成为对方法论的探究。第二层含义，拉德布鲁赫提出了一个病态的科学和健康的科学的区分。这里的病态和健康自然是拟人化的。他所讲的病态的科学指的是幼稚的学科，而他讲的健康的科学指的是成熟的学科。按照拉德布鲁赫的说法，越是幼稚的学科越为它的方法论所困扰，成熟的学科根本不需要考虑方法论的问题。正如一个病态的人老是考虑自己的身体。这里有个问题，就是什么是病，什么叫有病。

一个搞医学的人说，当你感觉到一个器官的存在，这个器官就有病了，生理上的有病和无病的区分就在于你是否感觉到某一器官的存在。这是有道理的。对于方法论来讲，也是一样。一个学科很成熟，根本不会去考虑方法论的问题，只有那些拉德布鲁赫所说的病态的学科才会考虑方法论的问题，被方法论的问题所困扰。第三层含义，在拉德布鲁赫看来，法学就是这样一门病态的科学。法学方法论是一个没有得到很好解决的问题，因而对法学方法论的关注是有着充分的理论价值的。这里又涉及什么是方法论的问题，对它的理解也是多种多样的。法学有自身独特的方法论吗？这里面又涉及法学的方法论问题。法哲学，是用哲学的方法来研究法；法社会学，是用社会学的方法来研究法，哲学方法、社会学方法显然不是法的方法。法史学是用史学方法来研究法，法经济学是用经济学的方法来研究法，都不是法学方法。这样说好像法学没有自己的研究方法，它唯一与其他学科区别的根据在于它的研究对象，即研究的是法，不管用什么方法都是法学。这就有了一个法学被殖民化的问题。研究法经济学的时候，有人认为这是经济学帝国对法学的入侵。其实，法学被殖民化的过程也是法学扩张的过程。在法学领域中，法史学、法经济学、法人类学等所采取的确实不是法学特有的分析方法。但是，规范法学所采取的方法应当是法学所特有的分析方法，这就是规范分析的方法。但是，就这个问题，还是存在很大的分歧，没有达成共识。目前在书店里面以法学方法论为书名的书很多。像德国学者拉伦茨的《法学方法论》、我国台湾地区学者杨恩寿的《法学方法论》、我国学者胡玉鸿的《法学方法论导论》等等，还有一些虽不以此为名但内容以讨论法学方法论为主的著作，像德国学者考夫曼的《法律哲学》等等。但是，我们看到他们讨论的问题各不一样，这里面存在着一种法律研究的方法论和法律适用的方法论的区分，即我们所讲的方法论到底是法律研究的方法还是法律适用的方法。这两种方法到底有没有区分？法学的研究方法是指在对法的研究过程当中采用的是一种什么样的分析方法。从这个意义上说，思辨的方法、法哲学的方法、法经济的方法都是法学研究的方法。而把抽象的法律规范适用到一个具体的案件当中去所采用的方法，和法律研究方法就不一样了。适用法律的方法本身对实践有着直接的作用，这是应当引起注意的。但是，只有在规范法学中，法学研究方法和法律适用方法才能够得到统一。规范法学在德国也称为法教义学，这种实在法学是以实在法或者法规范为研究对象，通过对法律语句的阐述来解释法律的意蕴，从而将正确地适用法律作为其使命。按照拉伦茨的理论，法教义学是一种狭义上的法学，法教义学所研究的方法是法律的适用方法。法律的适用方法实际上是一种法律技术、法律的思维方法。我国学者陈金昭指出，法律方法包括以下几种方法，法律发现、法律推理、法律解释、漏洞补充、法律论证、价值衡量等等。规范法学或者法教义学是以法规范为研究对象的，广义上的规范法学包含了法规范的适用。规范法学本身又有广义、狭义之分，狭义上的规范法学只是讲法律解释，即注释法学、解释法学；广义上的规范法学还包括法律适用，包含对法律适用过程的研究。从这个意义上来说，规范法学的研究方法和法律适用方法两者是具有等同性的。在规范法学中产生的这种方法就是法教义学的方法。法教义学不仅提供法律规则而且关注法律规则在司法活动中的运用，从而为司法裁判的正当性提供某种保障。这是我们对法学方法论本身的一个界定，这里我想重点讲一下法教义学的方法论。

法教义学是以法律适用为中心而展开的。法教义学的方法论当中，首先提到的是大陆法系国家通行的司法三段论。这种司法三段论是从形式逻辑的演绎推理演变而来的，即通过大前提与小前提之间的联系，推演出结论，这样一个逻辑演绎的过程。这种形式逻辑的司法三段论，是欧洲大陆法官寻求正当裁判的经典推理工具。司法三段论能够有效地限制法官的肆意裁判，确保法律推理的客观性。在司法三段论的基础上，司法过程就是逻辑推理的演绎过程。德国学者拉伦茨将司法三段论的逻辑语势确定为法效果的三段论法，其中，一个完整的法条构成了大前提，将某一个具体案件事实看作是一个事例，而把它归属于法条构成的要件之下的过程就是一个小前提的形成过程，结论是指对这样一个案件事实应当赋予法律所规定的效果。这样一个法效果的产生过程就是司法三段论的推理过程。意大利著名的刑法学家贝卡利亚是在刑法学中首先确立司法三段论的一个学者。贝卡利亚指出，法官应当对任何案件都作出三段论式的逻辑推理，大前提是一般法律，小前提是行为是否符合法律，结论是自由或者刑罚。通过三段论的推理，使得具体案件的结论是从法律规定当中合乎逻辑地引申出来的，确保罪刑法定的司法化，就是说罪刑法定的司法化是由三段论推理保障的。这里又涉及对演绎推理的功能的认识。有人认为演绎推理不能使我们获得新的知识，认为演绎推理是有局限的，在研究当中不宜过多提倡，有的学者提出应当减少演绎增加归纳，归纳可以增加新的知识。也许这种说法是有一定道理的，但我个人认为在司法活动当中，演绎是能够增加新的知识的，这一点是可以肯定的，尤其在刑法当中，在罪刑法定的情况下，如何保证案件的处理结果是符合法律规定的？这就必须由逻辑演绎的方法加以保障。通过演绎，将一个通用的法律适用于个别的案件，使个别案件的纠纷得以解决，使个别案件有罪无罪的问题得到解决。从这个意义上来说，司法过程中的这种演绎方法是一种解决纠纷的方法，是能够增长知识的。法律对一个行为作出规定，并不等于对这个案件已经有了明确的处理意见。案件能不能得到正当处理还应当通过演绎推理。我个人认为在司法过程当中，这种演绎推理具有它存在的正当性和必要性。

在司法三段论的推理当中，首先要确定大前提，这个过程是一个找法的过程，即发现法律的过程。这涉及法律解释方法，就是说法律规定需要解释，如果不经过解释，任何法律都是无法适用的。法律解释的方法在法律适用当中具有极其重要的地位。正因为如此，人们往往把规范法学看成是法律解释学或者注释法学，这是有一定道理的。对一个规范给出解释涉及很多理论问题，一个最为基本的问题，就是主观解释论还是客观解释论，二者基本立场对立。主观解释论认为法律解释乃是对立法者主观意图的一种表达，解释法律实际上是对立法原意的寻求，这种原意存在于立法者的头脑当中，因而需要从立法者的头脑当中寻求立法本意。客观解释论则认为法律尽管和立法者有联系，法律是立法者制定的，但是法律一旦制定出来便和立法者脱离了，成为一个独立的文本，人们只能从法律的用语所反映出来的东西来解释法，而且对法律的解释并不是一个单向的寻找立法精神的过程，解释者本身的前见也包含在其中。因而对法律的解释只能限制在法律的语义范围之内。解释者可以根据客观需要来解释而不必追求立法者的原意，尽管立法者在立法的过程中没有想到，但是，只要是包含在可能的语义范围之内，同样可以作出解释。这两种解释的立场是不一样的。主观解释论的出发点是对的，法律解释不是创制法律，解释应当符合立法原意。但是，主观解释可能存有缺陷，一方面立法者是谁，可能是一个根本无法搞清楚的问题，所谓立法者的原意，可能由于立法者的不明确而难以明确，难以操作；另一方面，由于法律自身的稳定性，法律本身没有变化，但是社会生活发生了变化，要使法律适应变化了的社会生活，也不可能完全拘泥于立法者当时的所思所想，应当通过解释使法律不断的发展。从这个意义上来说，客观解释论是有一定道理的，但是，客观解释论也不能完全违背立法者的意愿，作出任意的所谓自由解释，不能把立法者完全否定的意思解释进去，只能是立法者没有明确态度或者态度模糊的时候，对语义范围之内的法律用语进行解释。所以，目前看来，极端的主观解释论和极端的客观解释论都是不可取的，理论上还是应该持一种中庸的解释态度。客观解释论应该成为法律解释的基本立场，因为不管是主观论还是客观论，都应该在法律文义可能的范围之内对法律进行解释，不能超越法律文义。当然，怎么确定法律的文义，也是一个值得注意的问题，涉及扩张解释和内里解释的区分问题，这种区分很难。德国有这样一个案例，被告人用泼硫酸的方法伤害被害人劫取他的财物，问题是能否适用德国刑法关于使用武器抢劫的规定，即能不能把泼硫酸解释为使用武器。对此有不同的看法，有人认为硫酸可以解释为武器，武器应当包括化学武器；有人则认为一般人理解的武器应限于刀、枪等器具。这就要看对法律的解释是一种比较宽松的解释还是比较严格的解释。另外，法律解释还可能跟一个民族的语言有关系，我们汉语中的武器一词是个含义很广的词汇，各个时期的武器形态是不一样的。从这个角度来说，硫酸只要能给受害方带来伤害就可以称之为武器。所以，不同的语言完全可能作出不同的解释。还有个例子是关于窃电的问题，窃电能不能算做盗窃罪，问题的关键在于电属不属于财物，这个问题在法国是通过法律解释，认为电能可以看成是财物，是无形的财物，在没有另外立法的情况下可以把电看做财物，因而可以把窃电当做盗窃加以处理。同样的问题在德国最高法院，认为不能把电解释为物，否则会与物这个词本身的一般理解产生冲突。因而德国通过立法的途径解决了这个问题，在德国的刑法中专门作出一个盗窃电的规定。对于同一个问题，一个国家使用法律解释的方法，另一个国家则用立法的方法来加以解决，说明德国和法国在对财物这个概念的用语本身的包容性的理解不同。每个国家的语言不一样，语言是最具有民族性的，某个词汇在一个民族的语言当中具有包含力，在另一个国家则是特定的。因而，我们说确定大前提的过程，就是一个法律解释的过程，在某种情况下，也是一个发现法律的过程。

司法推论的第二个步骤，是确定小前提的过程。确定小前提主要是一个事实认定的过程。案件事实是客观存在的，但是案件事实有一个从自在事实向自为事实转变的过程，也就是查明案件事实的过程。最终形成的是作为一种陈述的事实。陈述是一个修辞学、逻辑学上的概念。把一个事实描述出来，用语言陈述出来。陈述的事实是一种自为的事实，跟自在的事实完全不同。对于这个问题，德国学者拉伦茨曾经指出，在判决的事实部分出现的案件事实，是陈述的事实，基于此项目的，案件必须被陈述出来，并予以整理。在无限多姿多彩、变动不拘的时间之流中，为了形成作为陈述的案件事实，总是要先做选择，选择之时，判断者总是要考虑个别事实在法律上的重要性，因此作为陈述的案件事实，并非自始存在显现给判断者，毋宁是必须一方面考量已知的事实，另一方面考量个别事实在法律上的重要性，以二者为基础才能形成案件事实。因此，案件事实有一个从客观事实到法律事实的转变过程，客观事实是指经过法规范格式化的事实。查明案件事实的过程是一个在规范和事实之间反复巡视的过程，这也就是司法认识的过程。一个事实能不能得到法律的确认需要采用推定的方法，推定的方法就是通过已知事实推定另外一个事实的存在。推定的方法在查明案件事实的过程中是非常重要的，我们过去在司法实践当中，对推定的方法缺乏应有的研究，我认为推定的方法值得深入研究。那么，案件的事实，如拉伦茨所说，作为陈述的事实——这句话是耐人寻味的，和客观存在的事实是不一样的。客观存在的事实，如拉伦茨所说，需要人们去寻找，不是现成地放在那里等着你去认识的，因为事实很多，要找出那些具有法律意义的事实，找到以后还需要用语言陈述出来，当一个案件的事实被陈述出来的时候，实际上某种价值判断就已经被包含进去了。所以，一种经过陈述的事实和客观事实是不一样的。如何来对案件进行陈述，这种陈述到底是个什么样的思维过程，如何能确保对案件的陈述能够正确反映案件的事实，这里面有很多司法认识论的问题值得研究。

司法三段论的最后一个环节，就是得出结论。从法律规定这样一个大前提出发，经过案件事实这样一个小前提，最终得出结论，这个过程就是法律规定和案件事实的糅合过程，也就是从法律的一般规定到个别案件的演绎过程。这个过程在法教义学上称为涵摄。这里的涵摄就是把案件事实归属于法律规定的构成要件之下，从而获得其法律性质的过程。通过这样一个三段论的推理，使得一个法规范能够正确地适用到一个案件当中去，法教义学就是对规范适用的过程加以研究。法教义学所研究的就是法规范被适用的过程中所采用的一些方法，像法律解释方法、事实认定方法、演绎推理的方法等等。从某种意义上来说，这些方法本质是一种法律思维的方法。法律思维的问题十分重要，在我们刑法当中，定罪是由犯罪构成要件来解决的，犯罪构成要件并不仅仅是法律规定犯罪成立条件问题，实际上是一个定罪的思维方法问题。我们只有从法律思维的角度来理解法律方法，才能够正确地界定和正确地研究它。我发现，包括我们从事理论研究的人，法律领域的好多争议主要是由于逻辑思维方法的不同所造成的。我认为这种逻辑思维的水平很大程度上决定了我们司法活动的水平，决定了我们法学理论研究的水平。我们在大学里面学习法律，实际上并不是简单地掌握一些法律知识，而是通过法律知识的学习、培养、训练，形成一套法律思维方法，这才是最根本的。我们之所以出现很多无谓的争执，主要是思维方法还存在缺陷，很多结论得出的过程十分怪异。我最近在研究判例，研究过程中我经常发现，结论可能正确，但推理过程是错的，反之，推理正确结论错误，这反映出逻辑思维的混乱。我认为在理论研究和司法实践中，思维混乱是一个亟待解决的问题。只有解决了法律思维的混乱，我们才能用相同的思维方法来解决问题。在这个基础上形成的观点之争、价值判断之争，才是有意义的。目前的很多争论实际上不是价值判断的差别，而是逻辑方法上的差别，因而没有办法归化。我们必须克服这样一种法律思维方法上的混乱，只有这样才能提高司法活动的有效性和科学性，这是我所讲的第二个问题，关于法学方法论的问题。

三、以刑法为视角的考察

最后，我想从刑法学的视角来考察法学知识形态及其方法论问题。刑法学是一个部门法学。在部门法学当中，刑法学是一个比较成熟的学科。这主要是因为一方面刑法作为一种比较重要的法律一直都受到统治者的关注，而且中国古代的法律传统又主要是以刑罚为主，另一方面，我国刑法确立得也比较早，因而刑法的理论研究发展得就相对早一些。我觉得一个国家的法学发展水平取决于这个国家的法制发展水平，只有法制发达，这个国家的法学理论才能发达。这一点和文学正好相反，文学有句话叫“国家不幸诗家幸”，国家不幸，战乱痛苦能够造就大诗人，诗人在社会动乱所带来痛苦当中得到某种内心体验、精神升华，李白、杜甫都是在乱世中产生的，和平的、安逸的社会中不可能产生大诗人。法学家就不是这样的，在动乱之中不需要法律，也不可能产生法学家，不可能产生法学理论。在法治社会里，法治建设的需要提出一些理论上的要求，由于存在对法学理论的社会需求，法学才能发展。因此，法治越发达，法学理论越发达。法学理论的发达程度和法治建设的发达程度是成正比的。具体到部门法也是这样，一个国家不同的法律部门发展程度也不一样。这种部门法发展的不平衡是由于这个国家的法律发展的不平衡所造成的。我国最早拨乱反正确立的七个法律就有刑法，刑法起步就早，民法到 1986 年才制定出《民法通则》，到现在还没有一部民法典。因为法制定出来后需要解释，因而最早发展起来的法学就是规范法学，规范法学发展到一定程度，理论需要突破，才能凸现法社会学、法哲学的价值。从这个意义上来说，我国的刑法制订得比较早，而且比较发达，刑法的理论也是比较成熟的理论。正是刑法学者最早感觉到，这种规范法学、注释法学的局限性，因而最早产生了对部门法哲学的需求。

我在 1991 年出版的《刑法哲学》一书的后记当中曾经谈到这么一段话，“刑法学是一门实用性极强的应用学科，和司法实践有着直接的关联。然而，学科的实用性不应该成为理论的浅露性的通词。作为一门严谨的学科，刑法学应当具有自己的‘专业槽’。非经严格的专业训练，不能随便伸进头来吃上一嘴。这既是维护刑法学的学术性的需要，更是维护刑法学的科学性的需要。当然，我们并不反对在刑法学中理论层次上的区分，由此而形成从司法实践到刑法理论，从刑法理论到司法实践的良性反馈系统。但现在的问题是：理论与实践难以区分，实践是理论的，理论也是实践的，其结果只能是既没有科学的理论也没有科学的实践”。这段话是我针对刑法学研究现状有感而发的。这里面提出了几个问题，一个问题是关于刑法学的专业槽的问题。之所以提出专业槽，主要是有感于当时刑法学理论的浅显性、直白性。我认为一个严谨的学科，它的理论必然具有精致性，而且具有高深性，只有经过专门学习才能看得懂。这样的理论才具有科学性。我们过去往往强调理论的通俗易懂，把通俗易懂作为衡量一个理论好或不好的标准，我觉得对通俗易懂要进行反思，法学理论并不是一种大众话语，应该是一种专业话语、精英话语。法学理论著作不能沦为普法读物。专业槽的问题是一个学科自身的边界问题，也是一门学科成熟的表现，这种表现有两个标志：一个标志是基石范畴的确立。任何一门成熟的学科都要有自己的范畴，尤其是作为理论基石的范畴。基石范畴是对这门学科基础思想的理论概括，是这门学科所有理论的出发点和原点。在法学领域，研究法学的基石范畴，是吉林大学张文显教授提倡的，也是其身体力行的。这种对法律范畴的研究，对法律的体系化、科学化，应当说是非常重要的，我们很多部门法学科连自己的基本范畴都没有，这样的学科很难说是一个基本的学科，而且不可否认我们的部门法学的发展是极端不平衡的，有些部门法学可能已经提出了哲理化的要求，而有些部门法连自身的科学性都没有解决，甚至连自己的生存条件都没有解决，还需要不停地为自己作辩护，所以说，基石范畴很重要。第二个标志，是一个学科的基本问题的确立。每一个学科都有一个基本问题，看你有没有找到这个基本问题。这个基本问题是从哲学的基本问题中引申出来的。我们法学过去没有这种提法，但是存在哲学基本问题的提法，是恩格斯提出的，近代哲学的基本问题就是精神和物质谁是第一性的问题，这个问题是区分唯物论和唯心论的根本区分点，对这种根本问题的不同回答形成了不同的哲学流派。这种基本问题的提出，使得一门学科的理论发展达到理论自觉的程度。每个学科都有这样的基本问题，关键是我们有没有找到这个基本问题，只有找到这个问题，从中切入，才能使一个学科的理论围绕其基本问题探讨，达到真理化的程度。刑法里面的基本问题，我认为，是报应和预防的关系问题，对于这个问题的不同回答形成了不同的刑法学流派。这个基本问题抽取出来后，为我们对这门学科的知识清理提供了分析工具，并且为其理论的体系化提供了一个起点。我认为是非常重要的。我提倡刑法学科的专业槽，就是要摆脱刑法学这种非常浅显的、通俗易懂的、自在的理论状态，要不断地提升刑法学的学术水准。当然，这里面有一个思想认识的过程，要从注释刑法学向理论刑法学转变，意味着要以理论刑法学来取代注释刑法学，似乎是否定了注释刑法学存在的正当性和必要性。这样的判断是有弊端的。这里不应该是转变，而可能是提升，也就是注释刑法学和理论刑法学各自有其存在的正当性。我们的刑法学不能满足于注释刑法学的状态，要提升到理论刑法学，使注释刑法学和理论刑法学形成一种良性互动关系，起到一种互相促进的作用。

我在这段话里面还提到一个刑法理论的层次性问题。我认为刑法理论是有层次之分的。我们过去的刑法理论，正如我们整个的法学理论一样，处于一种未分化的状态，把各种不能兼容的知识包含在一起，这种状态表明我们的刑法理论还处于一种幼稚的状态。刑法理论要向精致化的、科学化的方向发展，必须对刑法理论区分层次，这是刑法知识的分化，发展出不同形态的领域。我们既要有高深的刑法理论，又要有规范刑法学理论，还要有刑法社会学的研究，各种理论都应该在刑法的理论大厦中找到它应有的位置。关于这个问题，北京大学储怀植教授曾经说过这样一句话，我觉得很有道理：研究刑法应当在刑法之中研究刑法，在刑法之外研究刑法，在刑法之上研究刑罚。在刑法之中、之外、之上研究刑法，实际上就形成了刑法的不同知识形态。在刑法之中研究刑法，是对刑法规范进行研究，产生的是规范刑法学。但这是不够的，还必须跳出来在刑法之外研究刑法。在刑法之外研究刑法主要是对刑法的社会性加以研究，也包括对刑法的经济性的研究以及采用其他办法研究刑法，这样能够充实我们的刑法学知识，能够拓展我们的视野。当然，还要有刑法之上的研究，就是形而上的研究，也就是刑法哲学。刑法学的发展，是一个刑法知识分化和刑法领域扩张的过程。这个知识的分化和领域的扩张以及边界的勘定，尤其是不同刑法知识之间边界的勘定，这一点我觉得非常重要。

在这里面还有一个如何理解理论和实践相结合的问题。我们过去总是强调理论与实践相结合，被看成是理论研究的基本方法，是一种学风的问题。到底什么是理论与实践相结合呢？实际上，理论与实践相结合要以理论与实践相分离为前提，脱离理论与实践相分离这一前提的结合只能是既没有科学依据又没有科学意义。对于这个问题，我国学者谢晖曾经说过一句话："简而言之，理论倘若不脱离实际，意味着它不是理论，它也不可能以独立品格指导实践，进而与实践相结合。”我完全赞同这一观点，就是说理论要结合实践必须首先脱离实践，使理论成为理论，只有成为理论以后才能结合实践、指导实践。理论和实际相结合并不意味理论对实践的简单注释、简单描述，更不意味着理论成为实践的附庸，成为实践的追随者，这样必然会窒息理论的生命力，使之变得没有意义。刑法学中同样存在这样的问题。过去我们总是要求刑法理论的研究者注意刑法实践，但是我们的刑法并不是依附实践而存在的，而是有其存在的独立品格。如果在一个国家，大学教授和基层法院的法官思考的是同一个问题，只能说这是理论的悲哀。教授就应当和法官思考不同的问题，基层法院的法官和上诉法院的法官以及最高法院的法官也应该思考不同层次的问题。过去我们习惯的那种让刑法理论的研究者和法官一起研究案件的做法，是有其片面性的。这里面我们还要思考一个问题，就是法学家的使命问题。法学家的使命难道就是解释法律吗？如果是的话，法学理论就没有独立的品格。如果法学家以解释法学为使命，法学家在立法者、司法者面前永远都是卑躬屈膝的，因为对这种理论的评价权力总是掌握在立法者、司法者手里。法学家除了解释法律，应当有独立存在的根据，不仅要解释法律，而且，还要对法律进行评判。不是说要法学家跟着立法者、司法者跑，而是说不能以法学理论能否被司法者、立法者所采纳作为评判的标准，恰恰要使立法和司法向我们的理论靠拢。我们的法学理论研究应当对我国的立法、司法，对我国的法制建设起到一个引领的作用。从这个意义上说，不仅存在一个理论与实践相结合的问题，而且还有一个实践如何结合理论的问题，就是说，我们理论要获得某种相对于实践的自主性与独立性。

在刑法研究当中，我认为部门法学的知识形态和理论法学不太一样，部门法学当中必然有一个规范法学，规范法学是以解释法学为前提的，部门法学还有部门法哲学的问题，例如刑法哲学，当然还有刑法社会学，包括犯罪学等等知识。现在的问题是部门法当中没有部门法理学，这涉及对法理学和法哲学关系的厘定问题。对于它们的关系，在法理学界本身就有争议。有人认为两者等同，有人认为不能等同。实际上法理学和法哲学就是同一回事。这样的观点有很大的市场，像博登海默也持这样的观点。那么，在刑法理论中是否存在这种区分？我个人目前倾向于有区分，也就是说我们刑法里面不仅应当有刑法哲学的思考，还应当有刑法法理学。刑法哲学的概念比较好理解，就是对刑法价值的一种考问，是对刑法价值内容的一种批判性的考察，这是对法的一种形而上的研究。在刑法里面，所谓对刑法的规范性研究，也就是以刑法解释为主的知识，即对刑法条文作解释，这是规范刑法学。在规范刑法学和刑法哲学之外，是否还应该有一种刑法法理学？我认为还是有的。我前几年出的一本书，叫《本体刑法学》。有人问我本体是什么意思？这个本体就是和规范相对应的意思，这个本体刑法学和规范刑法学正好相对应。我国规范刑法学，就是以我国刑法为解释对象的一种知识体系，本体刑法学是超出刑法规范的，是一种超规范的法学体系，所阐述的是刑法的法理问题。实际上，这种本体与规范的对应来自于康德的物自体和现象的区分。物自体就是本体，就是现象之后起着支配作用的东西。规范也是这样，从表面看，规范是一种现象，需要对规范进行解释，然而，现象之后还有一个原理在起作用，这个法理就是刑法的本体。所以，本体刑法学就是阐述刑法背后的法理。这种法理是刑法的法理，不是刑法哲学考察的对象。这种本体刑法学就是刑法法理学，这种刑法法理学是可以脱离刑法规范而存在的。本体法理学里面是没有刑法条文的。刑法法理学在刑法中的存在也正是刑法这个学科成熟性的表现。可以看到，在某些部门法学当中，不仅没有法哲学，连部门法理学也没有。有些部门法学的知识就是对法律条文的解释，不能在条文之外建立一个理论体系。刑法学则不同，经过德国等欧陆刑法学者一百多年的努力，已经形成了一套刑法法理学，可以脱离刑法条文而存在。各个国家对刑法条文的规定是不一样的，然而背后的法理基本相同。这个法理拥有脱离法条而存在的自主性。刑法的法理对一个国家的刑事立法、刑事司法来说起到了不可替代的作用。我们学习刑法不是对我国的刑法作出解释，而是要对整个刑法的法理进行掌握。我们的条文规定可能是有缺陷的，或者很多地方没有规定，但是在这种情况下是法理在起作用，法理在某种程度上起到了法律的作用。我们刑法对于不作为犯罪就没有规定，但是由于有一套不作为的刑法法理，司法人员只要掌握了这套理论就可以弥补条文的不足。另如，大陆法系国家中对于共犯有一套非常完整的理论，我国刑法对于共犯的规定，我认为，是有硬伤的。如果我们共犯的理论只能解释我国的法律，那么，理论就不可能获得科学性。可是，共犯本身有一套独立于法条的理论。这个理论非常发达，通过这个理论，我们可以看到我们的刑法规定有哪些问题，因而在刑法没有规定或者规定有缺陷的情况下，我们就可以用理论来弥补这个不足。所以，我认为刑法中有刑法法理学，这种刑法法理学是值得提倡的。我提出的部门法理学值得提倡，主要的部门法领域都应该研究它的部门法理学。我的看法是，比如说，刑法必须首先有一个非常成熟的规范刑法学理论，对刑法法律作出非常娴熟的解释，在这个基础上再来提升，形成一个本体刑法学，也就是刑法法理学，在刑法法理学之上再形成刑法哲学，这就是一个理论提升的过程。实际上，刑法哲学在某种意义上说已经不是刑法学了，刑法哲学，在某种意义上说，就是法哲学。刑法哲学不是空洞的，因为刑法也是法，刑法哲学实际上是一种法哲学的刑法研究，我们研究刑法的价值实际上也就是法的价值；我们研究刑法的人性基础实际上也就是研究法的人性基础，因为刑法就是法的一种特殊表现形态，对刑法的价值和人性基础加以研究，能够揭示出法的价值基础。因此，刑法哲学主要是刑法学和法哲学、法理学之间的一个中介、一个过渡。只有我们部门法哲学，包括我提出的部门法理学发展起来，我们的法哲学和法理学才能够获得理论发展的动力和生命力，才能使部门法学和理论法学之间架起一座桥梁，才能够发展我们的法学理论。我觉得这非常重要。因此，提倡部门法哲学、提倡部门法理学的研究，恰恰是我国的法学理论研究的一项重大突破，应该对其重要性加以充分的考虑。

规范法学必须假定法律是正确的，在这样的假定和起点上对法律进行解释。像张明楷教授所说的，即使法律是错误的，你也要把它解释成正确的，法律的缺陷要用解释来弥补，不能批判法律。规范刑法学的立场，说到底就是司法者的立场，不能说法律不对就不适用。因此，不允许在规范法学的语境当中批判法律，但是，如果是刑法法理学研究，当然，就可以说这个规定不符合哪个刑法法理；如果是刑法哲学的研究，就更可以对刑法条文的价值内容加以批判。法哲学就是批判哲学，要对法的精神加以评价。在法哲学领域，不能以一项法律规定证明自己的观点的正确。目前许多刑法著作当中可以看到，注释刑法学的内容、刑法法理学的内容、刑法哲学的内容，都混杂在一起，因而前后矛盾，没有把知识的边界界定清楚。在规范刑法学的语境当中说刑法法理学、刑法哲学语境中的话，或者，在后两者的语境中说前者语境中的话，这就发生了语境的错乱，严重影响了刑法理论研究的科学性，但是，作者自己却往往没有意识到。因为不同的刑法学知识形态，有着不同的研究方法，我们要遵循这些方法，在不同的语境里面采用不同的方法。但是，不能发生语境错位。我在刑法领域十几年来的一个努力，就是要理清刑法知识的不同形态，我已经完成了刑法哲学、本体刑法学、规范刑法学等方面的著作，现在做的是判例刑法学。因为刑法学不能光是规范，应该还有判例，应该从文本刑法学向判例刑法学转变，不仅要关心刑法怎么规定，还要关心法官怎么适用刑法，怎么得出结论。所以，在判例刑法学中，要注意法学方法论问题，不仅要关心结论，而且更要关心结论是怎么得出来的，得出结论的逻辑思维过程是正确的还是错误的。对法官的裁判理由进行研究，不是像过去研究案例一样，把自己当做法官来看，而是研究结论怎么得出来的，这样就形成了刑法哲学、刑法法理学、判例刑法学，这样不同层次的知识形态，使得不同层次的刑法学都有边界，能够形成良性互动的关系，只有这样才能使我国的刑法理论研究逐渐走向科学。

最后，我想讲一点法学知识的融合问题。日本有个著名学者说过这样一句话，他说随着学术研究的发展，封闭的专业正在被突破，专业知识正在从狭隘的专业框架中解放出来，形成一种公共的研究领域，通过知识交流达到知识共有。这里面提出了一个知识共有的问题。这种知识共有使各个学科能够共享一种能够成为知识资源的知识，建立起学科之间的共同话语。我认为这一点非常重要。这里面就存在一个由小及大，由此及彼的共同知识的形成过程。各个部门法学都应当通过努力形成共同的知识，使部门法学的研究提升为法理学、法哲学的研究，争取在法学研究中的话语权。与此同时，各种知识又需要互相融通。我们法学，在整个人文社会科学的知识当中，处于下游。法学的研究当中，总是要用到经济学的方法、史学的方法、社会学的方法、伦理学的方法等研究我们的法。从这个意义上说，法学是处于一个被动的、比较消极的地位、劣势的地位。所以，我们搞法学的人需要看经济学的书、哲学的书、社会学的书，很少见到搞经济学的人来看法学的书。我国学者梁治平作了一个考察，认为我们法学是一个封闭的圈子，法学是一个自生自灭的东西，不能为法制建设提供思想资源。他的这个批评是很尖锐的，也很深刻。我们从事刑法学研究的人不仅要使知识不能局限于刑法学领域，而且要努力把刑法学的研究提升为法理学和法哲学的研究，从而在理论法学中形成我们刑法的话语，同时研究理论法学的人又不能局限于法学，要不断突破法学的限制，向社会学的研究、经济学的研究提供资源。哪一天那些搞经济学的、搞社会学的人要看看我们法学的书，从中获得思想营养，这个时候才能说我们的法学理论在人文社会科学中有了自己的立足之地，才能说我们法学理论研究者对整个人类社会的发展作出了应有的贡献。

郑成良（上海交通大学法学院教授）

法学方法论

一、法学的性质及方法

1. 学科的性质决定学科的研究方法，而学科的研究对象、领域及研究目的决定了学科的性质。法学所研究的问题有很多，但概言之，法学主要研究三个基本问题（参见图 1）：（1）应然法：回答法律应当是什么样子的问题，关注的是法律的理想和价值。大者如是否应当把“法律面前，人人平等”作为制度安排的基本原则？应当用刑罚来惩罚思想吗？小者如因欺诈而签订的合同应当按无效处理，还是应当赋予合同相对方以撤销权？等等。（2）实然法：回答法律实际上是什么样子的问题，关注的是律令和技术。换言之，研究法律的意思是什么。如民法中的不当得利、刑法中的教唆犯罪有哪些构成要件？在某个具体案件中的某个当事人没有认真阅读合同条款就签署了保险合同，他的行为是否属于法律上所说的“承诺”？他是否可以以“意思表示不真实”为由主张合同无效？等等。（3）社会事实：应然法研究要解决的是法律的道义基础和正当性，实然法研究使得法律的意思变得明确并逻辑连贯。如果法律在道义上是正当的，在意思上是明确和逻辑一致的，那么，这种法律就果真能够发生作用么？美国的禁酒法等等许多法律在道义正当性、意思明确性和逻辑连贯性方面并不存在大的问题，但这一类法律并没有有效运行甚至难以为继。因此，法学还要研究法律的作用与功能。在这种研究视角下，法律首先不再被看做正义的要求和自足的行为规范体系，而是一种社会事实（制度形态的事实要素），并在与其他社会事实要素的交互作用下存在和演化。

应然法……………………理想、价值………………价值判断分析方法

实然法……………………律令、技术………………逻辑和语义分析

社会事实…………………作用、功能………………社会实证分析方法

图 1

相应地，法学的方法也就有三个层次：

第一层次是价值判断。在应然法研究的层面上，法学成为关于正义和善的艺术，而不能成为严格意义上的科学。因为，应然法研究主要是表达一种情感（以理想、价值、信念、原则等为基本内容），有很强的规定性，它主要不是描述和解释它的对象，而是规定它所面对的世界“应当怎样”。

第二层次是逻辑和语义分析，有点科学的意思。主要研究法条的语言，类似于形式化的学科（如数学和逻辑学等等）研究，是关于法律形式化的实证研究。

第三层次是社会实证研究，以法律社会学研究为代表，这是科学的研究领域。

当然，这些方法不是截然分开的，在针对某一话题时，存在着运用方法的交叉。

法律与法学的生成，存在时间差。先产生法律，后产生法学研究。

古希腊的哲学家最先关注法律。由于法律要剥夺一些主体而保护另一些主体的利益，这种强制性就需要正当性的论证。人们关心是什么正当性支撑着法律在规则上保护某一些主体并扼制另一些主体的利益追求，此部分是自然法的关怀。

后来对实然法研究在方法论上进行总结，则是分析法学派的功绩，它标志着法学作为一种独立学科的最终形成。它标识了一种独特的方法，声称要价值祛除，只是了解法律的意思。在近代史上，由法学家（而不是哲学家）提供的理论知识体系由此而出现。

而社会法学派，则提出这样一个问题：如果法律正当且明确，就果真能够改变社会么？他们的研究结论是：法律能够改变社会，但社会更能改变法律，换言之，社会改变法律的力量更强大。他们的方法是通过法律研究社会，也通过社会研究法律。法律不仅仅被当做一个合乎理想的行为规范或实际存在的实在法规范来研究，而更应当作为社会事实来研究。只有才能这样实现法律的功效。

由此，最基本的法学方法归结为三种：（1）价值评判方法；(2）逻辑分析和语义分析方法；(3）社会实证研究方法。

2. 法学的学科性质：即法学到底是科学，还是艺术？这里涉及两个问题，即（1）法学是不是科学，是何种意义上的科学？(2）理性与情感在法学中的作用是什么？

（1）科学是研究事实的，事实就是“是什么”，法学相当大的领域并不具有科学性，而是一门研究正义的艺术，是善与公正之学。

什么是科学，并没有一个统一的定义。我们不关注定义问题，而仅仅关注“科学”一词的合理使用方法。分析哲学认为哲学的任务是研究如何用词，我们可能不接受这种观点，但是，不可否认的是：不能正确使用词语和概念确实就不可能进行有效的思考和思想交流。因此我们就需了解“科学”一词有几种使用方法。下面介绍三种科学观，每一种科学观都代表一种对科学一词的不同使用方法。

第一种观点认为“科学”指称对自然界的实证研究，是历史上累积起来的有关自然界事物的经验和知识。如果在这个意义上使用“科学”一词，社会科学是不存在的。此说在19世纪之前占主导地位，20世纪也相当有影响。如英国政府机构在20世纪50年代曾发表声明说用“社会研究”来命名某个学术团体用比“社会科学”更加恰当。19世纪的学术界曾普遍认为科学具备四个特征：1）科学是“描述对象”的理论，而不是“规定对象”的理论；2）科学始于对经验事实的观察和实验，而不是开始于思辨；3）科学意味着测量，测量意味着精确，伽利略认为大自然是一本用数学写成的书，因此，一种知识体系的数学化程度与科学化程度成正比，越是充分地运用数学工具，就越有资格被称为“科学”；4）科学意味着累积式发展，而不是不断地被推倒重来。如果按这种方法使用“科学”一词，目前我们所称的“社会科学”基本上不可以被用“科学”一词来指称，因为它们大多不能完美地具备这四个特点，只有经济学等少数学科才可能接近于具备“科学”的资格。比较而言，我们现在所谓的社会科学研究往往具有规定性、思辨性、非量化的特点。而且，有些学科的发展也不是累积式的，前人的理论体系时常被后来者在总体上推翻，只是在批判地继承某些“合理成分”上才有一点“累积式发展”的意思，如不断爆发地震式理论革命的哲学领域。

但是，社会科学的研究对象与研究者本身息息相关，两者合为一体。所以，完全要求社会科学按照自然科学方式来进行，是不可能的。如美国总统选举，就不可能像物理学计算自由落体那样得出精确结果。因为作为社会科学研究对象的人，是自己可以采取对策的，社会科学的研究结果可能诱发相关者采取对策改变行为。因此，社会科学永远不可能高度精确化。

第二种观点认为，科学是以经验方法为标志的实证研究。其代表人物是培根和马克思。这种观点认为科学就是用理性的方法来整理经验的材料。这在20世纪和当今的西方社会是主流观念。所谓经验的方法、实证的研究，其基本的形式包括：观察法、实验法、统计分析法、数学模型法、问卷调查法等，其中最基础的方法是观察法和实验法。如培根说科学是建立在观察和实验的基础之上的。观察方法，就是指在不改变研究对象的基础上，收集经验材料的方法。如达尔文的进化论，即是运用观察方法得出的结论。所谓实验，是指在人为控制的条件下进行观察，研究两个以上的变量之间的关系。例如下面这样两项研究就是科学研究：1）某地为了小区的安全，研究这样几种方法的选择，是增加警察的数量或巡逻的次数，还是增加小区路灯的亮度？哪种方法更能增加居民的安全感？研究结果是后者。2）研究偷窃啤酒中的证人作证的几率，发现在场的人数与作证的可能性之间存在比率关系。

在这种意义上，伦理学、数学、逻辑学等都不是科学。因为逻辑学和数学并非实证研究，无须进行实验，它们研究的不是事实或经验，而是纯形式，是符号之间的逻辑关系。当然，辨明一个学科不是科学，绝非意味该学科不重要。

按照“科学”一词的第二种使用方法，存在社会科学，而没有人文科学。人文科学是一个由误译而产生的词，是一个可疑的概念。妥当的译法应当是“人文学科”而不是“人文科学”。人文学科（humanity）是文艺复兴时与人文主义思潮相伴随而形成的知识体系；社会科学是与实证主义思潮相伴随而形成的知识体系。“社会科学”一词形成于19世纪初，由傅立叶首创，孔德借用并使之广为流传。人文学科的理论往往有明显的规定性，有鲜明的情感指向和价值倾向，与第一和第二种意义上的“科学”差别较大。

这种科学观的内部也存在着分歧，如证实主义与证伪主义。证实主义曾经是主流的评判，使用实证方法所形成知识体系还不一定算是科学，另外还需要一个条件，即所给出的命题必须可被证实。而后期的学者波普尔则创设了证伪主义。即使能被证实未必就是科学，具有能够被证伪的可能性，才是科学。科学命题的特点是不能允许某些结果发生（例如物理学不能允许十磅的铁球和五磅的铁球有不同的降落速度），如果该结果发生这个命题就被证伪了。但是，某些理论允许任何事情发生，什么样的结果发生它都可以解释并总是宣称自己是正确的，这就不是科学了，如算命天宫图、麻衣相术和某些被视为“绝对真理”的教义式理论。

第三种科学观（我国流行），认为科学是理性的最高体现，运用理性的方法研究即是科学。这是最宽泛的科学观。依此，与迷信相对立的东西都是科学。其标准在于理性的有无。其结果是科学成为一种泛滥的话语。它同时向四种研究方法开放，即经验方法（观察、实验），形式化方法（根据逻辑规则进行形式演算的方法），思辨方法（跳出经验世界的形而上学方法），规范性方法（进行价值评价）。但问题在于，在这四种研究方法中，至少第一、第三和第四种方法所建立的命题体系之间是不可通约的，无共同性。其实，道德哲学和神学哲学理论体系的建构也要使用理性方法，如果它们和物理学、化学都被用“科学”一词来指称，语言的混乱和思想的混乱就会不可避免。所以，这种科学观，从语义学分析看来，是大可质疑的，它使科学成为一个“杂货店”。如果这样来使用“科学”一词，不仅在交流思想时会造成误解和混乱，更重要的是，词的使用者在建构自己的理论命题体系时也无法保持话语和思想的逻辑连贯性。而一切缺乏连贯性的命题体系，都是不值得严肃认真对待的，我们不大会有兴趣与一个醉汉讨论问题，就是这个道理。

我国存在三个关于科学的观念误区：

误区之一，科学等于正确。在很多人的话语中，当他们说我的理论、观点或意见是科学的，意思就是说我是正确的，不可反对和质疑的。由于在第三种科学观的影响下不能合理地使用“科学”一词来思想和言说，加之误以为科学的就是正确的，“词的暴政”就出现了。这时，词不仅是思维和交流的工具，也成为思想的主宰，使思想者和言说者的“理性思考”在词的支配下误入歧途而不自知。其实，科学不等于正确，正确也不等于科学。这是以图腾崇拜的心态来对待科学。与其他理论相比，科学理论所给出的命题具有更高的可靠性，因此，在各种理论、知识的竞争中，理性的人们往往更加信赖科学。但是，科学的命题并不总是正确的，后来的研究者对某一原有科学命题或具体理论予以修正甚至证伪，是科学进步的正常现象。在这种意义上，科学不过是对事实的临时性解释，换言之，科学的确追求正确，但并非追求终极的、不可改变的结论。科学精神是理性地怀疑一切，随时准备被证伪。科学精神是以合理怀疑为基础的实证精神。科学的态度是，不在于你说了什么，而在于你为什么这么说，是否在严格依据科学研究的程序和使用科学的方法的前提下给出命题。因此，正确也不等于科学。古代江湖术士的“推背图”上说“十八子，主神器”，如果真的有一位李姓帝王登基，就可以把这些江湖之术列入科学吗？要是有人今天对你说三天之内你会跌一跤，而你到时候真的跌了跤，结果证实他说的完全正确，但我们会把这个也叫做科学吗？

误区之二，科学等于有用。科学不等于有用，有用也不等于科学。一般而言科学知识是最有用的知识，这些知识能够帮助我们解决许多实际问题。也就是说，科学知识比那些科学之外的其他知识要有用得多。不过，由此也不可以走向极端，进而认为科学的一定是有用的，不属于科学的，就一定是无用的。例如，有些科学论文可能永远没有实际应用的可能，它们只是展现了用某种科学的方法和逻辑去推演可以得出何种结论，也许永远不能产生解决实际问题的功用，但这并不排除它们属于科学。同样，即使那些明显被视为科学之外的知识，也可能在一定条件下有效地解决实际问题。

误区之三，科学等于善。这是一种浪漫的理解，求真等于求善。但是，科学研究不一定是善。关键不仅仅是科学研究的成果可以为善也可以为恶，而是科学研究本身也可能严重违反人类文明的道德底线。

总之，按照第一种科学观，法学显然不属于科学，但是，这种科学观已经不再是主流观念。然而，由第一种科学观所引起的相应的用词方法，作为语言习惯在某些特定的场合还存在着，“科学”一词还仅仅用于指称对自然对象的实证研究（如“中国科学院”）。不过，只要词的使用者意识到这仅仅是一种约定俗成的表达方式，也不会引起思想的混乱。

按照第二种科学观，法学研究的某些部分可以属于科学。最典型的是对法律的社会实证研究，以法律社会学为代表。至于以法律形式为对象的分析法学，也可以在相当程度上被列入科学范畴，尽管可能存在争议。那些反对把数学、逻辑学等形式化研究列入科学的人可能对此提出异议。但是，从规定对象应当怎样的角度所作的应然法研究，除非设定了严格的限制条件，否则，很难被合理地用“科学”一词来称谓。

按照第三种科学观，只要运用了理性来思考，就可以被列入科学，这样一来，法学当然属于科学之列。但是，这样来使用“科学”一词，已经属于的词的不合理使用。假定我们正好持有第三种科学观，我们还必须看到另外一个问题，这就是，法学仅仅是理性的表现吗？

(2) 理性，还是情感？

流行的观点认为支撑法律和法学的是理性。但是否在法律和法学中，就只是理性起作用？情感起何种作用？比较而言，自然科学中，情感并非不发生作用，但它是从科学的外部起作用，在科学内部是不起作用的。坚定的信念、持久的理想和激情等等，可以为科学提供强大的动力，但是，科学理论和命题却不能用情感作为逻辑理由。当然，在绝对的意义上，科学理论体系的建立也不是完全不需要情感来支撑。不过，这种作用一般只是存在于科学的边缘即科学视阈与哲学或宗教视阈的交界地带。而在人文学科中，情感起着非常强大的导向作用。情感是基石。情感不仅是理论形成的外部动力，也是理论和命题赖以建立的逻辑支点。

何为理性？人们赋予“理性”一词太多的期待，以至于在很多时候我们并不能有把握地知道某个言说者所说的理性到底是什么意思。如果有人说“民主取代专制是人类理性的胜利”，这里的“理性”一词所表达的确切意思是什么？恐怕不同的言说者和听者所想到的东西是不完全相同的，甚至可能会有人认为这个命题根本不能成立（在“文化大革命”时期这可能是一种错误言论）。语义分析的基本立场是避免定义。重要的是，把握正确的用词方法。这里须注意，存在哪些因素影响术语的运用。既然大家难以达成对理性的一致定义，我们可以寻找合理使用“理性”一词来描述其指称对象的最低条件。如果我说“苏格拉底的分析很有理性，这个醉汉的言论缺乏理性，而这个木头偶像完全没有理性”，那么，我在苏格拉底、醉汉和偶像上面发现了什么才可以合理地用“很有理性”、“缺乏理性”和“完全没有理性”来谈论这些对象？显然，“理性”一词可以被合理使用的最低限度是“从一个前提合乎逻辑地推出一个合理结论的能力”。当然，某个哲学家也许会提出批评说，如此来说明理性的概念，并没有抓住理性的本质。也许是这样的。但是，假定真有所谓的本质，我们也不关心本质，我们只关心一件事情：当我们用“理性”这个词来谈论某个对象时，自然而合理用词的最低条件（而不是最高境界）是什么。我以为，只要某个对象有能力从前提推导出合乎逻辑的结论，用“理性”这个词来谈论他（它），我们就是在自然而合理地使用语言。可能有人会问，计算机也可以推理，说计算机有理性也是在自然而合理地使用语言吗？这涉及词的扩展使用问题。“文山会海”中的“山”和“海”即属于词的扩展使用。计算机的理性其实是它的设计者的理性的表现，但是，在扩展使用的意义上，这样使用“理性”一词也没有达到明显不合理的程度。

何为情感？情感无须逻辑理由的支撑和证成。来自道德、宗教、政治、哲学、美学和习俗等方面的偏好、价值倾向、原则、信念、理想图景之类，都是情感。在法学理论中情感作用如何？帕雷托的剩遗物和派生物理论是一个非常具有启发性的方法论。理性是一个中性词，所以，非理性也非贬义词。非理性即情感，换言之，无须逻辑理由来支撑。按照帕雷托的剩遗物与派生物学说，人类行为分为逻辑行为（理性行为）与非逻辑行为（非理性行为）。非逻辑行为类型有二：1）与逻辑推理没有任何关系的行为，换言之，无须由任何逻辑理由支持的行为。如有人在罗立中的油画《父亲》面前失声痛哭。2）用虚假的逻辑理由来支持的行为。虽然这里面也存在逻辑推理，但行为里面是反逻辑的。这里的“虚假”并非贬义，是指这里的理由是不能支持行为的，如乞雨的行为。

情感A导致行为B，而人们却总是以为理论C导致行为B（参见图2）。

C 理论（派生物）

A 情感（剩遗物）

B 行为

图 2

帕雷托所说的剩遗物指人类具有的各种情感，派生物指各种辩护性理论。这些理论和行为一样，也是以情感为基础的，不过采用了理性推理、论证和表达的形式。其实，结论在没有推理之前就已经被接受了。剩遗物永存，派生物转眼即逝。

科学主要借助于理性，艺术主要借助于情感。其主要区别是：科学所处理的问题只能是逻辑问题，艺术所处理的问题和逻辑没有必然的联系；科学命题是靠逻辑理由来支持，艺术是靠情感的共鸣来支持；科学有定式，艺术无定法；科学是对世界的描述和解释，艺术是对世界的评价和规定。

在人文学科中，理性是以情感为基础，由此产生对命题进行理顺的过程。理性的作用，是将情感的药包上糖衣。在很大程度上，帕雷托是对的，他说人是一种缺少理性而又偏爱推理的动物。

法学是有自身矛盾的知识体系，具有两种性质，一是关于事实的科学，二是关于公正与善的艺术。要求科学家在建构理论体系时保持情感中立（价值中立）是可以的，这在关于法律形式研究和法律社会学研究中也没有大的问题，但是，要求法学家在应然法研究的领域也放弃任何情感，在种族灭绝与和平共处、奴役统治与自由平等之间居于“零度情感”的立场来建立理论命题，是不可想象的。尽管过度的情感投入会使理论走向褊狭，但是，回答“应当如何”的问题，首先是以一定的情感为基础来作出价值目标选择的问题，其次才是用理性的力量来增加逻辑说服力的问题。而且，必须看到的一个事实是，在那些重大或终极价值目标的选择上，理性的作用往往不是在“目标选择”阶段起作用，而是在“论证和说服”阶段起作用。

二、规范性研究方法（价值评价方法）

（一）什么是价值、法律价值

1. 人类以两种方式面对世界：是什么和应当是什么

“是什么”属事实世界，回答三类问题：存在的现象（事实）是什么？现存的事实由什么的样的事实导致（因果关系）？我们一旦选定了目的（价值目标）之后，用什么手段去达到目的？

“应当是什么”属价值世界，当离开“是什么”而回答“应当是什么”时，就进入了价值判断。这是人类存在的特殊方式。价值并不是指客体的有用性。若说价值是客体对主体的有用性，那么主体本身就无价值了。而主体（人类）恰是价值的原点，人是有价值的。有很多在我们看来是无价值，甚至负价值的东西也能满足主体的需要。

我们还是不讨论价值的定义问题，而是讨论一下在各种语境中“价值”一词可以被用来表达什么样的思想。我以为，在最广泛的意义上价值就是“好”。当你问“体育锻炼有什么价值？健康有什么价值？自由有什么价值？生命有什么价值？”等等问题时，实际上就是在问这些有什么“好”，有什么令我们珍视、喜欢、希望和尊重之处。

讨论法律有什么价值，就是讨论法律有什么“好”。

2. “法律价值”一词的合理用法

“法律的价值”这个词有三种基本用法：

一是指法律能促进的“好”，如自由、平等、秩序、正义、国家安全和个人权利得到保障等等，在我们看来这些都是好东西，我们可以用法律手段来增进这些价值。这些价值是法律的目的价值。我们为什么需要法律？就是为了实现这些目标。

二是指法律自身所应当具有的值得追求的品质和属性。这是法律本身的价值，与目的无关。比如，法律应该逻辑严谨，而不应当自相矛盾；应当简明扼要，而不应当含混繁琐；应当明确易懂，而不应当神秘莫测；等等。与法律的目的价值不同，法律的这些品质与属性既不是法律所服务的对象，也不是法律所追求的社会目的和社会理想，而仅仅是指法律自身在形式上应当具备的和值得肯定的“好品质”，它们是法律的“内在价值”或“形式价值”。

三是指法律的价值评价标准。在英语（value）和其他西语中，价值一词同时具有名词和动词两种属性，当做动词使用时其意思是“评价”。

（二）法学研究中的价值判断问题：包括法律和法学与价值的关系

1. 法律与价值的关系

（1）法律本身即是一种对稀缺价值加以分配的权威性规则。

（2）法律制度中包含一套价值标准，立法者要确立具有弹性的价值位阶。

法律纠纷好处理的是有价值与无价值之间的冲突，不好处理的是价值之间的冲突，因此法律要有价值位阶的排序。如米兰达规则就体现了警察的破案率与犯罪嫌疑人的人权价值的冲突。位阶是有弹性的。如 20 世纪 70 年代后期曾有一判例限制米兰达规则，承认在特定情况下，公共利益安全优先于犯罪嫌疑人的人权。但价值位阶很不好确定。立法者一般只能有一种大概的安排，然后由司法来微调。

(3) 立法与司法活动都是一种作出价值判断的活动。

2. 法学与价值的联系

法学永远不能回避应然法的问题。实证主义法学家提出价值祛除，有些道理，但不可能完全彻底地做到。因为价值判断是法学固有的一部分。法学家在研究应然法时不能离开价值判断。

自然法学的方法论特点是“常规与自然相对照”。常规就是一个社会上由人制定的各种规则，主要指人定法，也包括道德。现代人把自然看做客体，是异己之物。古希腊人则认为自然是有理性的，人类理性是由自然赋予的，符合自然即正义。后来自然转化为道德正义。人定法是一些人给另一些人的立法，法的执行总以牺牲一种价值而成全另一种价值，人对法律态度或者是服从的或者是不服从的。自然法的概念的理论内涵，一是法律的二元论，即法律在存在形态上有实然法和自然法（应然法）之分；二是实然法应从属于自然法；三是自然法效力至上；四是恶法非法；五是反抗恶法的权利。

理论分为实证性理论和规范性（规定性）理论。前者遵循价值祛除，情感中立；后者与价值判断有关，具有标准、情感的色彩，具有价值倾向性。两者的区别是：（1）规范性理论为评价而研究，为规定世界应当如何而研究，实证性理论为解释而研究；(2) 规范性理论认为存在本身不是理由，事物不能仅仅因为存在而有效（值得尊重），而实证性理论认为存在就是事实，要无条件尊重客观事实；(3) 规范性理论追求的理论目标是情感、信念、理想、原则的传播，打动人的关键不在于合乎逻辑，而在于能否引起读者内心情感的共鸣，而实证性理论的目的在于建立一个较准确描述世界是怎样的理论，主要靠理性说服人。

（三）价值分析的功能与局限

价值分析方法的功能：一是推动立法和社会的进步；二是最大限度保障个案处理的公正；三是强化社会公众对良法的认同和支持。

法律力量取决于社会公众对于法律的态度。因为，社会公众对于法律的认同和支持太差，法律就会缺乏力量甚至成为具文。

价值分析方法的局限：

一是从“是”中推不出“应当”。这是休谟的论断，认为两者之间存在不可逾越的鸿沟，是两个领域。在思考价值问题时必须注意到的是，存在两种意义的“应当”和两种意义上的“是”，一种是价值意义上的“应当”和“是”，另一种是事实意义上的“应当”和“是”。

价值意义上的“应当”：如“公民应当热爱自己的祖国”或“臣民应当无条件服从君主”，等等。

事实意义上的“应当”：如“一月份的长春不应当下雨”。这是伪装了的“是”，是一个事实判断而不是价值判断。言说者所表达的思想并不是“一月份下雨违反了某种价值标准，因此应当受到指责”，而是“按照正常的自然规律，降雨天气是不大可能的”。

价值意义上的“是”：如“某某是伟大的人”。这是伪装了的

“应当”，是一个伪装成事实判断的价值判断。言说者所表达的思想是“按我的价值标准来判断，某某是伟大的”或“你应当认同我的价值标准，把某某看作是伟大的人”。

事实意义上的“是”：如“地球是围绕太阳旋转的一颗行星”。

从“是”推不出“应当”，只有从“应当”中才可以推出“应当”。也就是从事实判断中推导不出价值判断。“你是军人，所以，应当服从命令”，这种推理在逻辑上并不成立。“你是军人”是事实判断，由此无法推导出“你应当服从命令”这个价值判断。只有以“军人应当服从命令”这个价值判断为前提，才能推出“你作为军人应当服从命令”的结论。

“是”不能推出“应当”，意味着“应当”这个领域永远不能有一种自然科学那样高度精确的理论体系。

在价值领域，不存在客观的公理体系。具有道德意义的应当不是从事实中推出的，而是来源于每个人对每种事实状态和理想状态的承诺，因为情感上的共鸣使我们作出了某种价值选择。因此，在这里，所有的理论论证都是辅助性的，只能说服那些与我们有共同或类似情感倾向的人。而且，这种论证往往是“伪论证”，因为有一些重要的命题或结论在没有得到论证之前就已经被接受了，因而，我们经常会看到帕雷托所说的“循环论证”：母亲对孩子说“你应当听话”，孩子问“为什么应当听话”，得到的论证是“因为你是个好孩子”；“什么是好孩子?”——“听话的孩子就是好孩子”。这里的逻辑是，因为你应当听话，所以，你就应当听话。

二是人们的终极价值观很难一致，这种差异，就引发一系列价值和事务上的冲突。

三是即使在终极价值上得了一致，但在具体的价值判断上也可能产生分歧。

应对这些局限的原则：

原则之一，承认和尊重价值判断多元化的事实。价值标准多元化是现代文明的基石，这与人的主体性（每个人都是平等主体）是相联系在一起的。如果只能某个人的是非为是非，主体性原则就消失了。

原则之二，排除思想霸权，实行最大限度的宽容，只对不宽容的行为不宽容（房龙）。宽容，与孔子所言的“中庸之道”有相通之处。

原则之三，寻求最低限度的一致。法律是最低限度的道德。法律应当是最低限度的共识。法律存在很大的自由裁量空间，在这些“空间”中，也需要有一些价值标准和技术工具来控制裁量的滥用。

三、语义分析方法

20 世纪初，受西方分析哲学的影响，语义分析被系统化、哲学化，有人甚至认为 20 世纪是分析的时代。要了解语义分析方法，首先须对分析哲学有所了解，而如果要了解分析哲学，还要了解实证主义哲学。

法律实证主义是 19 世纪产生的流派，主要分为逻辑实证主义即分析法学派和社会实证法学派即社会法学派两家。法律实证主义的哲学背景是哲学上的实证主义。20 世纪实证主义成为一种思潮，而非仅仅是一种学派。

实证主义哲学有两大核心理念：

一是拒斥形而上学。形而上学，在西方语言中，被写成“物理学之后”。这一术语，源于中世纪。当时的西方人整理亚里士多德的著作，在编辑顺序上，把那些讨论经验范围之外的文献安排在物理学之后。以现在的术语来形容，这些理论命题都不是能够以观察和实验为基础来建立的，也无法通过实证研究来证伪，都是科学所不能回答的。近代中国在翻译这个术语时，借鉴了《易经》上国人比较熟悉的表达方式，“形而上者谓之道，形而下者谓之器”，故将“物理学之后”定名为形而上学。这是一个精妙传神的翻译。实证主义拒斥形而上学，就是拒绝提出和回答实证范围之外的问题，它主张研究确定的（positive）问题，追求确定的知识。在经验范围之内的问题和知识，才可能是确定的问题和知识。

实证主义的方法论认为，不要用思辨的方法，而要采用实证的方法，即是用观察和实验来建立知识体系。第一代的实证主义代表人物是孔德。他认为人类的知识，从古到今，经历了三个阶段：（1）古代的神学阶段。此阶段，人们寻找世界的本原、终极原因，并将之归结为某种超自然的力量。换言之，当时的整个理论和知识体系是建立在“神意”和“神在”这个支点之上的。（2）形而上学阶段。此阶段，人们不再把一切归之于神，而是归于世界抽象的和永恒的本质，如各种哲学意义上的宇宙本体。这不过是神学阶段的变种。（3）实证知识阶段。这是科学时代的开始。科学回答不了形而上学的、经验之外的问题。在这个时代，人们不再寻求终极的原因，不再研究决定着世界的那个抽象的普遍本质，而致力于研究规律。实证研究中的“规律”，就是指“两个以上之间的变量（现象）的恒定关系”。实证主义第二代的代表是马赫，主张世界既非纯粹的物质，也非纯粹的精神，而是由感觉要素组成的。第三代即分析哲学，代表人物之一是维特根斯坦。他认为，形而上学的错误不在于给出了错误的命题，而在于说了

"无意义的话"，因为形而上学哲学家们不会正确地用词，他们还违反了句法构造句子。

分析哲学的第二个核心理念是哲学的任务在于研究语言的正确运用。分析哲学认为哲学的发展经历了从本体论阶段（形而上学阶段）到认识论阶段（笛卡儿、康德）再到语义分析阶段的过程。认为过去的哲学家，让语言担负了其所不能承载的功能。其中的符号语言派，又称人工语言派，主张所有的自然语言都是含混的、语义都不是很明确，因此，要创立一套人工的精密语言来避免争论。其中的自然语言派，又称日常语言派，代表者即维特根斯坦，认为以前的无谓争论不是日常语言的问题，而是这些哲学家没有搞清日常语言的正确用法，强调哲学要研究"词的用法"。他强调语言的能力是有限的，"不可言说者，沉默!"

语义分析方法的内容，也就是分析哲学理论体系的核心，但分析哲学内部也有许多不同主张。以其中的学派之一普通语义学为例，该学派有人把正确用词的方法归纳为21个问题和5项原则。核心思想是，词的误用是一切社会矛盾的根源。其中五项原则是：

1. 指数原则。一切分类都具有虚假性，所以在用类概念指称具体人或物时，要加上指数1、2、3……以提醒人们注意不要想当然地以为被用同一个词指称的事物就具有相同的"本质"，从而作出同样的反应。资本家^{1}和资本家^{2}之间的区别，也许比资本家^{2}和工人^{3}的区别还大。

2. 日期原则。事物是不断发展变化的，所有的事物都存在于时间中，是流动的，而非静止不变的。要注明所描述的事物的具体日期，以区别变化。

3. 连字符原则。自然界是不可分的，所有的分类都不完美，但人类又有爱分类以把握世界的倾向，导致所有的分类均会出现困难。自然本身是一个渐进的函数，世界本无分类，彼此相连。分类都是人为的，便于明别，却又陷入武断。所以，要用连字符把相关的分类连接起来。

4. 引号原则。词本身不是事物，而是人们创造的工具。但人们经常把词理解为背后还有一个确定的东西。越是抽象的词汇，越容易误导人，从而出现“词的暴政”。

5. 等等原则。词不能描述出事物所有的特质，语言是地图，但不是版图。当描述对象时，总会存在被疏漏的东西，所以要加上等等。

整个分析哲学对语言的重新理解，引发了三个观念：

观念之一，词不是事物，是工具。并非每一个词后都对应一个实物。如世界上有“山”么？没有，但存在具体的泰山、黄山等等。

观念之二，每个词的指称范围在边缘部分，均是含糊不清的。如哈特在《法律的概念》中对于“签署”的分析。端正写名是法律所称的“签署”，但写笔名、写姓名的缩写、被人把着手写、签在开头而非结尾，这些情况算不算法律所称的“签署”？

观念之三，词没有固定不变的含义。反对用给词下定义的方式来刻板地理解词的含义，而要求考虑该词正确的用法，考虑在语境和上下文的联系中来明确词的含义。坚持在具体语境中分析词的语义，是分析哲学最富有启发性的观点。尽管在许多富于理性智慧的人看来分析哲学的某些观点是过于极端的（例如，上述普通语义学的观点就带有明显的夸张色彩），但是，考虑到人类的理性思考和思想交流主要是借助语言来完成的，考虑到法律的操作（立法与法律适用）其实也是一个“语言作业”过程，对于法学理论研究和法律实务研究而言，语义分析方法实在是一个重要得无以复加的方法。

韩大元（中国人民大学法学院教授）

迈向专业化的中国宪法学

——以2006年发表的部分宪法学学术论文的分析为例

2006年，中国宪法学在原有的基础上，进一步拓宽研究领域，深化理论研究深度，出版了一批有影响的学术成果，整体上呈现稳步发展的良好势头。对2006年宪法学研究的基本特点，可概括为“关注宪法学的中国问题，提高宪法学的专业化水平”。

一、宪法学研究概况与分析

（一）学术活动与宪法学的专业化

学术活动的主题与组织形式是评价一个学科学术生命力的重要尺度。在2006年，中国法学会宪法学研究会、各地方宪法学研究会、各高校和研究机构组织了各种类型的宪法学学术讨论会。据不完全统计，仅专业性的宪法学学术会议就有三十多次。

为了进一步深化对中国宪法学基本范畴的研究，继2005年举办的“第一届中国宪法学基本范畴学术讨论会”之后，

2006年5月27日，中国人民大学宪政与行政法治研究中心、山东大学法学院、《法学》编辑部共同在山东大学举办了“第二届中国宪法学基本范畴与方法学术研讨会”，深入探讨中国宪法学基本范畴形成的历史过程与外国宪法学基本范畴发展的最新趋势。

加强宪法学与其他学科的对话与交流是2006年宪法学界积极推动的重要学术活动。继2005年举办的“宪法学与诉讼法学学术对话”、“宪法学与刑法学学术对话”、“法理学与宪法学研究的对接与共进”研讨会之后，2006年5月25日，中国人民大学民商事法律科学研究中心和中国人民大学宪政与行政法治研究中心共同举办了“民法学与宪法学的学术对话”学术圆桌会议。在平等、热烈与和谐的学术气氛中，学者们共同探讨了宪法学中的民法问题与民法学中的宪法学问题。2006年12月16日在南京大学法学院举办的“公法与私法学术对话”也是不同学科之间进行交流的重要学术活动之一。

2006年11月召开了中国法学会宪法学研究会年会，年会的主题是“宪法与新农村建设”，与会的三百多名代表集中讨论了农民的平等权、农民的宪法地位、基层民主政权建设、“三农”政策与宪法等问题，把农村问题纳入中国宪法学研究视野进行学术探讨，进一步强化了宪法学的中国问题意识。

此外，为了传承新中国宪法学的学术传统，自2005年中国法学会宪法学研究会在福州召开的“吴家麟教授与新中国宪法学”学术讨论会之后，2006年7月25日，中国法学会宪法学研究会与中南财经政法大学法学院联合主办了“社会转型与公法学的使命暨蒋碧昆先生法学教育与学术思想”专题研讨会；2006年11月12日，中国法学会宪法学研究会还与广东商学院共同主办了“何华辉先生去世十周年暨学术思想讨论会”。

在国际学术交流和外国宪法研究方面，宪法学界的活动也是十分活跃的。如2006年8月25日，中国法学会宪法学研究会、韩国地方自治法学会、韩国法制研究院与中国人民大学宪政与行政法治研究中心在中国人民大学共同举办了“中国—韩国地方自治法制的现状与未来”国际研讨会；2006年8月，中国人民大学法学院举办了“东亚公法学国际学术讨论会”；2006年9月中国人民大学法学院还举办了“中国—法国私法与基本权利国际会议”；2006年10月21日，中国人民大学宪政与行政法治研究中心则举办了“中国宪法研究所、比较宪法研究所成立暨‘世界与中国：当代宪法学发展趋势’学术研讨会”；2006年10月21日，山东大学法学院主办了“中日公法学课题与展望国际学术研讨会”；等等。

（二）从若干统计表看2006年宪法学研究的基本情况

为了分析2006年宪法学发展所呈现出的学科特点与趋势，作者对2006年11月底以前出版的部分学术期刊[①]所刊发的宪法学学术论文约404篇进行了分析，从中概括出这一年度宪法学研究视角、主题与方法上的特点。这些论文虽不是2006年发表的全部论文[②]，但它们是从具有一定权威性的刊物中抽取的，从一个侧面可以反映一年来宪法学研究的基本情况。

---

① 其中法学类专业杂志刊发论文114篇，18所综合性重点大学学报社会科学版刊发论文11篇，综合性“社会科学”刊发论文57篇，人大复印资料转载的16篇（不包括以上刊物刊发的文章），根据人大复印资料索引查到的其他未统计论文151篇，《中国宪法年刊》（2005年）刊发学术论文33篇，《宪政论丛》（第五辑）刊发论文22篇。个别引用了12月底发表的论文。

② 据不完全统计，每年在各类学术期刊上发表的宪法学论文约500篇。

关于 404 篇论文的研究领域分布参见表 1：

表 1　　404 篇论文的研究领域分布

研究领域	宪法基本理论	人权、基本权利	宪法保障制度论	国家基本制度	研究综述等
数量（篇）	150	113	66	69	6
所占比例	37.13%	27.97%	16.34%	17.08%	1.49%

由表 1 可以看出，404 篇的研究论文的研究领域相对是平衡的，大体上可以反映社会转型时期学者们的学术思考。有关基本原理的研究占 37.13%，说明基本理论与范畴问题是学者们关注的重要课题，这与我国宪法学研究缺乏基础理论的现状是密切联系的。此外，人权与基本权利方面研究论文的增加反映了 2004 年修宪后学者们对人权问题的持续关注。尽管在宪法监督问题上，宪法学界积累的成果比较多，但整体上看，宪法保障方面的研究论文仍占一定的比例。

为了进一步了解法学专业核心期刊[①]的论文研究主题，作者又对 104 篇宪法学学术论文进行了如下统计分析（参见表 2）：

表 2　　104 篇专业核心期刊论文研究领域

研究领域	宪法基本理论	人权、基本权利	宪法保障制度	国家基本制度	研究综述等
数量（篇）	34	30	18	19	3
所占比例	32.69%	28.85%	17.31%	18.27%	2.88%

---

① 包括《中国法学》、《法学研究》、《现代法学》、《政法论坛》、《法商研究》、《法律科学》、《法学评论》、《法学》、《中外法学》、《法学杂志》、《法学家》、《政治与法律》、《法治与社会发展》、《比较法研究》、《人民检察》等 15 种。此处所指核心期刊以南京大学的中国社会科学引文数据库认定的为准。

由表 2 可以看出，在专业核心期刊上发表的宪法学论文的研究领域与表 1 的统计基本上是相吻合的。

当然，刊物的级别和性质并不影响宪法学者的理论研究价值与思考的重点问题，这里只是试图说明通过论文所反映的基本学术倾向。

以下表 3、表 4、表 5、表 6、表 7 将进一步分析各个研究领域的内容分类情况：

表 3　　基本权利具体研究内容分类

<table>
<tr><td rowspan="3">分　类</td><td rowspan="3">人权与基本权利的一般理论</td><td rowspan="3">人权制度</td><td colspan="7">具体权利形态</td></tr>
<tr><td>平等权</td><td>社会权</td><td>结社自由</td><td>隐私权</td><td>迁徙自由</td><td>言论自由</td><td>精神自由</td></tr>
<tr><td>4</td><td>2</td><td>2</td><td>2</td><td>1</td><td>1</td><td>1</td></tr>
<tr><td>小　计</td><td>12</td><td>5</td><td colspan="7">13</td></tr>
<tr><td>比　例</td><td>40%</td><td>16.67%</td><td colspan="7">43.33%</td></tr>
</table>

表 3 主要说明 30 篇有关基本权利与人权的论文中，基本理论与具体权利形态的研究比例大体上是平衡的，纯制度性的研究比例相对低一些。另外，具体权利形态之间的研究大体上也是平衡的。

表 4　　宪法实施的保障制度研究内容分类

分　类	修宪权	宪法解释	违宪审查理论	违宪审查制度	总　计
篇　数	3	6	3	6	18
比　例	16.67%	33.33%	16.67%	33.33%	

表 4 说明，对宪法实施的保障制度的研究中，宪法解释和违宪审查制度模式方面的研究比例相对高一些，表明学者们对我国宪

法监督制度模式的思考与制度设计的期盼。

表 5　　宪法基本理论研究内容分类

分　类	宪法一般理论	外国宪法理论	中国宪法理论	总　计
篇　数	13	6	15	34
比　例	38.24%	17.65%	44.12%	

在宪法基本理论中，学者们对宪法的一般理论研究给予关注的同时，对中国宪法理论的研究也表现了浓厚的学术兴趣，发表论文的数量超过了研究外国宪法的论文，构成本年度的重要学术特色。

表 6　　国家基本制度研究内容分类

<table>
<tr><td rowspan="3">分　类</td><td rowspan="3">国外宪法制度、制度史等</td><td colspan="5">当前中国国家基本制度</td></tr>
<tr><td>司法制度</td><td>村民自治</td><td>教育制度</td><td>选举制度</td><td>税收制度</td></tr>
<tr><td>8</td><td>2</td><td>2</td><td>1</td><td>1</td></tr>
<tr><td>小　计</td><td>5</td><td colspan="5">14</td></tr>
<tr><td>比　例</td><td>26.32%</td><td colspan="5">73.68%</td></tr>
</table>

由表 6 可以看出，有关国家基本制度的研究类型上，对中国制度的研究所占的比例相对高，其中对宪法与司法制度关系给予了广泛的关注。

表 7　　国别研究比例

分　类	国外宪法	国内宪法	宪法一般理论	总　计
篇　数	17	56	31	104
比　例	16.35%	53.85%	29.81%	

表7可以看出，在中外宪法问题的研究中，中国宪法问题的研究比例呈逐渐上升趋势。

表8是对论文作者年龄与学历情况的统计：

表8　　论文作者的年龄与学历

分类＼时期	1960年以前	1960年—1969年	1970年—1979年	1980年	其他未查明	总　计
作者数	20	36	34	3	6	99
比　例	21.51%	38.71%	36.56%	3.23%		
博士数	4	23	18			45
博士生数		4	14	1		19
硕士数		1	2			3
硕士生数				2		2

由表8可以看出，在法学类核心期刊发表论文的作者构成发生了一些变化，20世纪60年代后出生的学者已经成为我国宪法学研究的骨干力量。从查明的93名作者的统计看，60年代前出生的学者只有20名，占21.51%，60年代后出生的学者占78.49%。尤其值得关注的问题是，从对所有学者学位的统计情况看，60年代后出生的学者中，获得法学博士学位者占大多数，特别是70年代出生的学者（除两位具有硕士学位外）全部具有法学博士学位或者是在校法学博士研究生，发表论文的高峰值在30岁至45岁。这些统计表明，自20世纪90年代以来，宪法学的发展中专业与非专业之间的分工逐渐明确，非专业人士发表宪法学专业论文的情况逐渐减少，受过系统专业训练的中青年学者成为宪法学研究队伍的主力，表明宪法学在研究环境、发展目标与人才资源上进入了学科发展的专业化阶段。

表 9 是对 104 篇专业核心期刊论文主要研究方法的分类统计。

表 9　　主要研究方法分类[①]

分　类	逻辑演绎	经验性分析	解释性分析
篇　数	69	14	21
比　例	66.35%	13.46%	20.20%

从 104 篇论文所采用的研究视角和方法看，逻辑演绎与规范分析占 66.35% ，经验性分析和解释性分析分别只占 13.46%和 20.20%。在国内宪法学这样一个长期崇尚宏大叙事风格的研究气氛里，经验性、解释性方法的运用是具有重要学术意义的。基于中国宪法学在社会转型时期所承担的历史使命，在一定范围内强调规范与文本研究是十分必要的，但经验研究仍然是我们提倡的研究方法之一。随着宪法实践的发展，宪法学研究方法也出现新的变化。如有学者在研究基本权利时引入经济学分析和案例分析方法，有些博士学位论文的研究方法中也采用经济分析等多种方法展开论证等，都意味着宪法学研究方法正朝着多元化路径迈进。特别是在基本权利理论、宪法修改理论的研究中，一些学者引入外国已经趋于成熟的理论模型对中国相关问题展开了分析，反映

① 对于研究方法的准确分类是比较困难的，其原因在于：一是难以对研究方法进行分类；二是当前学术界还没有对研究方法形成一致的共识；三是对某一篇论文的研究方法的具体判断是比较主观的。本文对研究方法的分类是以论证的论据是理论、经验事实、法条规范还是社会调查的结论等为标准进行的，逻辑演绎一般偏重于从理论到理论的推演；经验性分析偏重于对与理论相关的实践形式的借鉴；解释性分析偏重于对法律规范的解释与运用。有的论文同时采用了多种研究方法，故本统计中方法的分类只具有相对的意义。

宪法学自我意识的提高。不过，从表9中可以看出，目前学术论文中通过实地研究、统计调查、问卷调查等方式进行宪法问题研究的比重是不大的。

表10是对选取的50篇文章引文资料来源的统计：

表10　　选取的50篇文章引文资料来源统计

项目＼分类	篇数	引文总数	中文内地著作	港台著作	翻译国外著作	外文原著
人权、基本权利的论文（全部）	30	556	286（51.44%）	55（9.9%）	137（24.64%）	78（14.03%）
选取的以中国问题为研究对象的其他论文（抽样）	20	334	211（63.17%）	5（1.5%）	60（17.96%）	58（17.37%）
总　计	50	890	497（55.84%）	60（6.74%）	197（22.13%）	136（15.28%）

论文的引文是分析学科发展进程的重要因素，在一定程度上反映知识体系的开放程度与学者的知识结构。从50篇论文的引文情况看，在有关人权、基本权利问题的研究中，港台与国外的著作影响比较大，约占48.56%；而在研究中国宪法问题的论文中，中文内地著作的比重比较大，占63.17%。这一情况大体上体现了研究者的研究对象与认识工具之间的相关性。但就总的引文数而言，中文内地著作的比重相对于其他而言基本持平，这在一定程度上说明宪法学研究中“中国宪法理论”的解释能力是比较薄弱的。

从2006年发表的关于人权和公民基本权利以及以论证中国宪法问题为主要内容的其他宪法论文的引证资料的统计看，外文资料的引用比例也是比较高的，占37.41%（包含译著和原著）；而人权和公民基本权利的论文引证我国港台资料的数量明显多于以中国宪法问题为研究对象的其他论文引证我国港台资料的数量。另外，对外文资料的引用比例也表现为明显的不均衡。从引用的境外资料的构成看，引用国外译著的比例高于引用外文原著的比例，引用外文原著以英语著作为主，只有少数几篇论文引用德语、法语的著作。

二、宪法学研究的主要理论成果与新进展

（一）宪法学社会功能的反思与基本范畴的探讨

长期以来，一提及“宪法学”，人们首先想到的便是宪法学的强烈的“政治性”色彩。这是由我国历史和现实的多方面因素造成的。为还原宪法学专业特色以本来面貌，厘清宪法学的政治性与法律性之间的关系，自2000年以来，宪法学者们对新中国宪法学发展过程进行反思的同时，也思考宪法学知识体系的建构问题。对此达成的基本共识是：一方面要重视二者之间的关联性，认为宪法兼备政治性与法律性，且二者之间紧密相关；另一方面要强调对宪法的法律性研究，以突出宪法学作为法律学科的特点。

为此，认为宪法学研究也必须从单纯的政治性知识体系转为以研究法律性为中心的知识体系，即研究作为法现象的宪法现象，在探求宪法的法属性的基础上建立宪法学自身的理论体系。

明确宪法学的基本范畴，并以此为基础进行研究，是梳理宪法学知识体系的关键。多数学者认为，宪法学之所以具有学科意义上的相对独立性是源于其社会存在以及法学教育的目标。在有关宪法学基本范畴讨论会和相关论文中，部分学者对“宪法学范畴与方法”进行了深入探讨，这表明中国宪法学正在开始建立属

于自己的理论框架，这也是中国宪法学逐渐成熟的一个重要标志。比如，有的学者从范畴与概念等核心命题入手，对中国宪法学基本范畴的建立过程，特别是基本权利范畴形成的过程进行了文献分析，力图揭示中国宪法学本身的历史与价值基础。

2006年在山东大学召开的“第二届中国宪法学基本范畴与方法学术研讨会”的讨论中，有学者提出宪法学基本范畴应包括五个方面的内容，即宪法与宪政、主权与人权、国体与政体、基本权利与基本义务、国家权力与国家机构等。有学者则提出宪法学基本范畴可分四个范畴，即统摄性范畴（包括社会权利、主权、宪法和宪政）、重合性范畴（包括基本权利与人权）、对应性范畴（包括基本义务、社会剩余权利与法律义务）、派生性范畴（包括国体、政体与国家机构）等。有学者则指出宪法的价值原点与价值终点是宪法价值逻辑体系的核心，从价值论赖以存在的认识论的特征来看，价值起源于“不自由”而终于“自由”①。有学者重新系统梳理和评述了宪法学研究的基本方法，提出了“规范—本体方法；辩证—历史方法以及经验—实证方法”、“社会—国家关系分析方法”等具体方法。② 有学者分析了从“道德宪法”到“政治宪法”的演进过程，认为个人财产权的保护和国家税权的控制一并进入了宪法的视角，并成为“自由法治国”的重大理论课题。③ 在研究立宪主义宪法规范的特点时，有学者提出“宪法法理”的新范畴，认为凡涉及宪法问题的理论，都属于宪法法理的

① 山东大学法学院编：《第二届“中国宪法学基本范畴与方法”学术论文集》，2006年5月。

② 参见上注。

③ 参见倪洪涛：《从“道德宪法”到“政治宪法”——一种税权控制的研究视角》，载《法学评论》，2006（3）。

范畴，包括政府权力来源的理论、政府权力的组织、人权与及其政府权力的关系。[①] 还有学者针对国际范围内出现的“新启蒙运动”，提出“宪法的非确断性的社会评价系统”的观点，主张最大限度地开发、利用宪法的“非确断性社会评价”的功能，为宪法实施创造良好的社会条件和社会心理基础。[②] 这些研究为今后宪法学基本范畴的进一步研究提供了基础，但对宪法学基本范畴共识的达成尚有待进一步深入研究。

（二）宪法文本与宪法解释价值

从 2005 年开始，宪法学界的部分学者提出了宪法学研究应回到宪法文本的命题，并进行了学理上的论证。在 2005 年的宪法学研究中，学者们对宪法规范及其价值给予了必要的关注，对宪法规范的构成、内容、性质与效力等问题进行了探讨。就宪法规范的构成而言，学者们认识到宪法规范的构成有异于一般法律规范的构成，强调要重视宪法规范本身的构成要素。至于宪法规范的意义，有学者提出，宪法学是以宪法现象为研究对象的一门法律学，宪法规范是一种本原的东西，其他三要素是宪法规范派生的现象。“必须让宪法学返回规范，确切地说就是返回到适度地接近规范主义，但又不至于完全退到传统法律实证主义的立场上来”[③]。

在 2006 年发表的论文中，宪法学界对宪法文本与宪法解释功能及其意义进行了更为深入的探讨，并开始探索具体运用的可能性与途径。学者们普遍认为，以宪法现象为研究对象的宪法学，

---

① 参见朱福惠：《论立宪主义宪法规范的法理诠释》，载《暨南学报》，2006 (3)。

② 参见陈云生：《论宪法作为非确断性的社会评价系统在“新启蒙运动”中的意义》，载《上海交通大学学报》，2006 (4)。

③ 林来梵、郑磊：《所谓“围绕规范”》，载《浙江学刊》，2005 (4)。

对于宪法文本的规定及其规范体系的研究，无疑是进行宪法学研究的前提和基础。在一般理论方面，有学者研究了宪法解释的衡量模式，这种模式以法律现实主义和法社会学以及利益法学为法理基础，它是客观理性的宪法解释模式，一些对衡量模式的替代方法将被证明是不可行的。[①] 有学者集中梳理了德沃金宪法解释理论[②]，即关于宪法的道德解读的实践学说。在德沃金看来，道德解读就是一种解读和实施政治性宪法的特定方法。其特点有：一是它所适用的条款都是具有抽象性的道德原则概念；二是适用方法的最终主体是最高法院的法官；三是为长期的宪法传统和司法实践所认同。对于宪法解释的功能，有学者认为宪法解释是实现政治法律化的主要途径之一。司法释宪受制于形式化的司法程序与规则，在弥合规范与现实之间的冲突、消除事实与价值之间的紧张、调和主观与客观之间的矛盾、兼顾民主与自由之间的统一方面发挥着重要作用。[③]

在宪法具体文本技术的运用方式上，2006 年相关研究论文开始增加，并引起了学者们的关注。有学者认为，认知宪法概念[④]是宪法文本研究的一个重要内容。宪法概念多数是不确定的法概念，充满着不确定性、多义性，需要宪法解释，据此我们也可以认知宪法概念的内涵。有学者认为，宪法学是在法体系内

---

① 参见刘国：《宪法解释的衡量模式——兼论宪法解释方法的变革》，载《当代法学》，2006 (3)。

② 参见范进学：《论德沃金的道德解读——一种宪法解释方法论的进路》，载《浙江学刊》，2006 (4)。

③ 参见郑贤君：《宪法解释是政治法律化的基本途径——兼议司法释宪的形式化特征》，载《法学杂志》，2006 (1)。

④ 参见王贵松：《宪法概念的认知方法及其反思》，载《浙江学刊》，2006 (3)。

的、规范导向的、直接或间接为宪法解释服务的研究，是法律系统的自我观察。而政治学以及其他学科对宪法的研究是法律系统之外的异观察，其问题视角和基本任务与核心意义上的宪法学（宪法解释学）是不同的，这决定了宪法学应该以宪法文本为中心，坚持以规范性为基本特征的法学品格。① 也有学者认为，法学既是文本学，也是规范学，故而如何对待宪法文本也是一个如何对待规范的问题。于此存在形式主义宪法学和实质主义宪法学两种理论流派。②

当然，对宪法文本研究在当下中国社会的实际意义与发展空间问题也有学者提出了质疑，认为对宪法文本本身需要进行价值判断，不能盲目地服从缺乏正当性和有缺陷的文本，应从价值与事实关系中综合地评价宪法文本的历史与价值基础。在作者看来，在中国宪法发展中，强调文本的意义是必要的，以文本出发讨论宪法问题应该成为分析现代宪法学的基础。但文本的研究不能完全脱离价值评价，文本的历史基础与现实功能的关系是需要进一步论证的学术命题。

（三）人权与基本权利理论的发展

在 2005 年人权与基本权利理论研究的基础上，学者们继续关注宪法文本中人权条款的意义和功能。对于该条款的意义，有学者认为，该条款突出了人权在国家生活中的价值与功能，使人权从一般的政治概念转变为法律概念和宪法原则，预示着国家价值观的变化。③ 也有学者认为，该条款意义更在于申明了宪法之为宪法的规范

① 参见张翔：《宪法学为什么要以宪法文本为中心?》，载《浙江学刊》，2006（4）。

② 参见郑贤君：《如何对待宪法文本——法律实证主义与社会实证主义宪法学之争》，载《浙江学刊》，2006（4）。

③ 参见韩大元：《宪法文本中人权条款的规范分析》，载《人权》，2006（1）。

意涵。一方面，它在确立公民权利正当性来源的同时，明确了我国宪法的正当性；另一方面，它不仅深化了权利理念，为完善公民权利的救济与保障提供了宪法支持，而且设定了国家权力的最高道德，确立了国家权力的基本义务。[①] 对于该条款的功能，有学者认为其本身不能成为发现和提炼新权利的依据，它提供的主要是一种解释规则和原则。因此，宪法社会效果的体现需要借助于宪法解释的规则与技术。也有学者认为宪法人权的表达条款具有更新人权理念、指引人权立法和支撑人权外交的积极作用。[②]

在基本权利冲突的理论研究方面，围绕实践中是否存在基本权利冲突，基本权利体系中是否存在价值位阶问题学术界进行了热烈的讨论。[③] 有学者认为，基本权利冲突呈现一种加害人—国家—被害人的三角关系。应该遵循普通法律规范的优先适用、个案衡量与法律的合宪性解释、违宪审查与司法解释的步骤来解决基本权利的冲突问题。[④] 有学者从具体的案例分析中总结出名誉权诉讼包含了公民人格尊严和言论自由两种基本权利之间的紧张。处理名誉权诉讼的正确办法不是先验地确定何种权利当然地具有优先性，而是在民主宪政的一般原则下，根据案件的具体情况，判断什么是最值得保护的价值，在此基础上平衡各种不同利益。[⑤] 在

---

① 参见严海良：《国家尊重和保障人权的规范意涵》载《法学杂志》，2006 (2)。

② 参见冉思东：《论中国宪法的人权表达》，载《法学家》，2006 (3)。

③ 参见张浩书：《反思“权利冲突”问题的真与伪》，载《内蒙古社会科学》，2006 (3)。

④ 参见张翔：《基本权利冲突的规范结构与解决模式》，载《法商研究》，2006 (4)。

⑤ 参见梁治平：《名誉权与言论自由——宣科案中的是非轻重》，载《中国法学》，2006 (2)。

基本权利的国家保护义务理论方面，2006 年的研究有了新的进展。有学者从德国法上的基本权同时有主观权利和客观规范两重含义的分析中得出，基本权是一种规范或者价值，各国家机关在履行职权时须遵守和贯彻，即为基本权的保障义务。① 也有学者具体分析了公民基本权利具有的请求国家作出某种行为，从而享受一定利益的“受益权功能”，而受益权功能相对应的国家义务可以称为“给付义务”②。比如，在孟母堂事件的分析中，也有学者以国家在义务教育阶段应履行的国家义务角度分析了受教育权实现过程中国家的角色和功能。当然，我国宪法文本中“国家义务”到底包含哪些内容，如何判断国家义务标准等问题，仍然是需要探讨的理论难题。

在具体的基本权利类型的研究方面，隐私权和社会权的研究有了一定进展。有学者分析了隐私的成本收益，主张应当将控制私人信息的权利配置给信息生产者而形成隐私权。隐私权不能仅仅限于人格权的范畴，而应向其财产权性质方面发挥。③ 有学者认为，隐私权与公共利益的冲突是不可避免的，公共利益应当依一定的程序由立法机关加以界定或者授权行政机关判定。要防止借维护公共利益为名，损害公民的隐私权。④ 关于社会基本权的本质，有学者认为，社会基本权承载着保障立宪主义下的市民宪法秩序的

---

① 参见郑贤君：《作为客观价值秩序的基本权——从德国法看基本权保障义务》，载《法学杂志》，2006（1）。

② 张翔：《基本权利的受益权功能与国家的给付义务》，载《中国法学》，2006（1）。

③ 参见张天上：《隐私权的经济分析》，载《法制与社会发展》，2006（1）。

④ 参见陈年冰：《隐私权与公共利益的冲突及其协调》，载《法制与社会发展》，2006（4）。

职责，在本质上是与自由要有同等功能的法规范，社会基本权的构成内容与范围几乎涉及社会生活中的各个层面。社会基本权的目的在于要求国家积极担负起照顾人民的基本生活需要、解决社会问题的职责来。[①] 关于社会基本权是否具有可诉性问题，有学者认为反对司法裁判社会权主要出于分权考量、民主考量、公共政策考量以及社会权的不确定性，以南非为代表的很多国家开始了社会权司法裁判的有益尝试，这些初步经验可为我国提供借鉴。[②]

有关国家对公民基本权利进行限制的界限上，2006 年学术界广泛讨论了“公共利益”在宪法学上的意义与界限问题。对公共利益的本质与核心，学者们分别从公共利益主体与具体程序的设定、主观的利益与客观的利益之分、公共利益界定涉及宪法分权问题[③]等角度进行了探讨。为防止以公共利益为名而侵犯公民基本权利，学者们又建议要具备实质要件（遵循宪法规定的限制基本权利的依据）、形式要件（基本权利的限制只能采用法律的形式）以及程序限制（如采用信赖保护、法律规定的明确性等条件）等要求；在采纳“外在限制说”的基础上，通过确定一定理念与规则去消除其危险性，即对“公共利益”作出严格的限定。[④] 针对公权力与私权利之间存在的冲突，有学者认为，面对社会转型时期出现的各种矛盾，限制公共利益的任意解释是十分必要的。公共

---

① 参见徐振东：《社会基本权理论体系的建构》，载《法律科学》，2006（3）。

② 参见胡敏洁：《社会权的可裁判性》载《法律科学》，2006（5）；黄金荣：《司法保障经济和社会权利的可能性与限度——南非宪法法院格鲁特布姆案评析》，载《环球法律评论》，2006（1）。

③ 参见郑贤君：《“公共利益”的界定是一个宪法分权问题——从 Eminent-Domain 的主权属性谈起》，载《法学论坛》，2005（1）。

④ 参见张翔：《公共利益限制基本权利的逻辑》，载《法学论坛》，2005（1）。

利益是基于社会共同体而确定的价值体系，是社会成员物质和精神需要的综合体，体现了社会、国家与个人之间的利益关系。一般意义上讲，公共利益不是个人利益的简单集合，也不是多数人利益在数量上的直接体现，它是社会共同的、整体的、综合性和理性的利益。凡是被纳入到公共利益范畴体系内部的利益是个体利益高度概括化的体现。①

（四）关注宪法学的中国问题

宪法学是一门实践的科学，解释和解决本国在社会变革中出现的各种实践问题是宪法学发挥功能的社会基础。2004 年宪法学界的一些学者提出了“宪法学中国化”命题，强调建立“中国特色宪法学理论”的必要性。从 2005 年开始，宪法学研究中出现了新的趋势，转型中的各种宪法问题逐步被纳入宪法学研究视野之中，努力提高宪法学的解释能力，突出学术研究的中国问题意识。在中国社会转型与发展过程中，宪法学研究逐渐从深邃的思辨纯理论研究变成一种应用性、实证性的研究。在 2006 年年会上，“三农”问题成了学者们广泛关注的学术热点，特别是农民基本权利的保障与农村的宪政环境引起了学者们的广泛兴趣。农民的结社自由和成立农会的权利以及农民的迁徙自由也成为学者们讨论和研究的内容。② 学者们普遍认为，如果中国宪法学不关注农民问题，有可能成为“城市宪法学”，失去宪法学发展的社会基础。

有学者分析了结社现象的法学意义，认为从公民结社权的实

---

① 参见韩大元：《从若干案例看公权力与私权利之间的冲突》，载《人民论坛》，2006（14）。

② 参见苗连营：《权利空间的拓展——农民迁徙自由的宪法学分析》，载《法制与社会发展》，2006（1）；郭殊：《论农会问题与农民的结社自由》，载《法商研究》，2006（3）。

践来看，我国公法权利实践的最重要特点是，它是依附于行政权力的权利，是需要行政权力提供保护的权利。约束行政权力，改变依附于权力的现状，并使之成为真正具有法律意义的权利，是我国公法权利实践未来发展的大致方向。①

针对上海孟母堂因袭私塾的读经传统，倡行不同于现代中国教育的另一种教育模式，被上海市教委确认为违法办学的事件，有学者认为，采取不同于中国统一的教育方式和教育内容，确实违反了中国的教育法律制度，但是如果从孟母堂的学生所享有的宪法权利——受教育权的角度考虑，则其非法教育实践自有其值得肯定之处。②

针对死刑复核权与法律监督面临的新问题，有学者提出：人民检察机关针对死刑复核的程序的监督职能应该得到强化，这样有利于公民生命权的平等保护和国家法制统一和宪法权威的树立，为此，需要扩大监督范围，改进监督方式，全方位改进对死刑复核程序的监督。③ 在人民法院审判依据问题上，有学者认为，在区分审判依据和法的适用的前提下，人民法院的审判依据应当仅仅限于法律。④

对于司法实践和基本法实施过程中出现的新问题，有学者进行了系统的理论分析。围绕“一国两制”下香港释法权的争议问题，

---

① 参见吴玉章：《公法权利的实践——结社自由的法学意义》，载《法学研究》，2006· (5)。

② 参见张步峰、蒋卫君：《现代私塾“孟母堂”能否见容于法治》，载《法学》，2006 (9)。

③ 参见韩大元、王晓滨：《强化检察机关监督死刑复核程序的宪法学思考》，载《人民检察》，2006 (11)。

④ 参见刘松山：《人民法院的审判依据》，载《政法论坛》，2006 (4)。

有学者针对《香港特别行政区基本法》实施以来形成的释法权争论进行了反思，认为应当从宪政主义对权力关系的规定即充分认识到香港本地立法、行政和司法权之间缺乏有效的制衡关系寻找造成当前香港基本法双轨制释法的原因。在基本法的框架下，回应双轨制的适当方法是区别政治问题和法律问题。① 新疆乌鲁木齐铁路运输中级人民法院因涉嫌单位受贿罪，作为刑事被告由新疆昌吉回族自治州中级人民法院开庭审理。由于该案在我国首开法院作为刑事被告的先例，引发了广泛的争议。从规范分析的角度看，法院可以成为刑事诉讼的被告，但可能引发若干宪政难题，这些难题应在现有制度空间内，通过立法修改或司法解释来寻求解决。②

有关中国宪法问题的研究中，2006 年大家关注的热点之一是物权法与宪法关系的讨论。学者们的争论主要包括：物权法是否必须强调根据宪法制定、物权法对公有财产和私有财产的平等保护是否违反了宪法的基本原则以及如何根据宪法判断法律违宪等问题。

在物权法是否必须强调根据宪法制定的问题上，有学者认为，从法理的角度来看，私法是宪法的基础，宪法是私法理念的升华，它应和私法原理相统一。③ 有学者认为，“宪法是公法的基本法，而民法则是私法的基本法。”④ 有学者则认为，宪法是包括民法在内的整个法律体系的根本法，不单纯是公法，民法是具体宪法架构下的具体的民法，不宜脱离一国的现行宪法抽象谈论民法应该是什么样的。因此，在物权法中明确写入依据宪法制定本法，不

---

① 参见程洁：《论双轨政治下的香港司法权》，载《中国法学》，2006（5）。

② 参见秦前红：《法院成为刑事诉讼被告引发的思考》，载《法学》，2006（9）

③ 参见郝铁川：《物权法（草案）违宪问题之我见》，载《法学》，2006（8）。

④ 赵万一：《从民法与宪法关系的视角谈我国民法典制订的基本理念和制度架构》，载《中国法学》，2006（1）。

仅从立法技术角度是必要的，从维持法律形式统一和端正人们的宪法与民法关系观念的角度看也有意义。[①] 有学者在考察了宪法和民法的关系的几种主张后，强调了根据宪法制定物权法的意义，一是表明宪法具有最高的法律效力，是法律发挥效力的基础；二是表明物权法与宪法之间的效力等级，上位的规范效力高于下位的规范，下位的规范不得违反上位的规范；三是表明物权法是宪法规定的具体化，其价值和效力来源于宪法。根据宪法只是规范价值的表述，并不是实然意义上的事实关系。[②] 针对目前我国法学界存在的"民法根本说"、"民法与宪法平起平坐"等观点，有学者在系统地考察宪法与民法关系的基础上，提出"作为一种法律学说，民法根本说所反映的是宪法与民法真实关系的幻影。在世界范围内，宪法与民法的关系是一个早已由法治发达国家的法律生活解决了的问题。在中国，法学研究人员还需要把时间和精力投入到法治发达国家已给出了答案的问题上来，实在是中国法治后发的特殊国情使然"[③]。

在物权法有关对公共财产与私人财产的一体保护是否违反宪法基本原则问题上，学者们见仁见智。有学者从私法是宪法的基础之法理角度提出，如果宪法某些规定和作为私法及其重要组成部分的物权法原理发生不一致，我们不应去责备物权法，而应该去修改宪法。[④] 有学者从宪法与民法对财产权保护的内涵区别入

① 参见童之伟：《再论物权法草案中的宪法问题及其解决路径》，载《法学》，2006（7）。

② 参见韩大元：《由〈物权法（草案）〉的争论想到的若干宪法问题》，载《法学》，2006（3）。

③ 童之伟：《宪法与民法关系之实像与幻影》，载《中国法学》，2006（6）。

④ 参见郝铁川：《物权法（草案）违宪问题之我见》载《法学》，2006（8）。

手，认为物权法（草案）对公有财产（包括国家和集体的财产）和私有财产的平等保护的原则与我国宪法的公共财产和私有财产的差别对待具有本质区别，物权法（草案）贯彻平等保护原则不违宪。① 而有学者认为，在宪法眼中不同主体的物权应区别保护，不应平等保护。对不同主体的财产实行平等保护，是以国家、集体在财产占有方面已经占据了优越宪法地位为前提的，是以国家、集体事实上占有和垄断社会全部财产中的基础性部分为前提的，这种平等只是宪法上和事实上公有主体居优前提下的法律上的平等。真正实现物权平等保护只会加强不会削弱公有经济的主体、主导地位。②

在如何根据宪法判定法律违宪的问题上，不同学科的学者们提出了不同的主张，"合宪"、"违宪"问题引起学术界与政界的广泛关注。有学者系统论证了"合宪"与"违宪"的判断标准③，而有学者从宪法条款的不同性质着手，提出许多条款在法律上具有确定的意义，因而是可以实施的；有些条款则只是表达了一种政治理想或政策取向，在法律实践中不具备可操作性。在宪法的适用和讨论过程中，必须认真对待宪法，将宪法作为一部实实在在的法律，仅限于适用那些在法律上可以实施的条款。尤其要避免将宪法作为政治攻击的工具，否则就将误用宪法并阻碍社会与经济发展。④ 在宪法实践中，违宪是十分严谨的概念，应针对特定事实关系和问题，谨

---

① 参见焦洪昌：《物权法（草案）的合宪性分析》，载《法学》，2006（3）。

② 参见童之伟：《物权法（草案）该如何通过宪法之门——评一封公开信引起的违宪与合宪之争》，载《法学》，2006（3）。

③ 参见韩大元：《由〈物权法（草案）〉的争论想到的若干宪法问题》，载《法学》，2006（3）。

④ 参见张千帆：《宪法的用途与误用：如何看待物权法中的宪法问题》，载《法学》，2006（3）。

慎地判断违宪的要件。

（五）日益成熟的宪法监督理论

实现从宪法文本到宪法实践的转化，保障宪法的切实实施，则是宪法学研究的根本目的和发展动力。围绕宪法监督制度、违宪审查制度、宪法诉讼、宪法在司法实践中的适用等问题，近年来宪法学者们进行了系统研究，取得了积极的成果。

2006年有关宪法监督方面的论文出现了新变化，在继续论证违宪审查制度在宪法发展中重要作用的同时，学者们在“建立违宪审查制度的呼声”中采取了更为谨慎和理性的态度。有学者认为，对于违宪审查的相关概念，向来众说纷纭，有进一步加以厘清的必要。在进行系统的学术论证的基础上，对宪法实施、宪法保障、宪法监督、宪法适用、宪法司法化、司法审查和合宪审查等概念进行了细致的辨析。①

同时有学者在总结国外关于违宪主体的理论基础上，对违宪主体的界定标准及范围作了系统阐述。②

也有学者研究了美国、日本、澳大利亚等国的违宪审查制度的起源及其实践等，并进行了理论的总结。③

对于我国的违宪审查制度的建构，有学者提出在人民代表大

① 参见胡锦光：《违宪审查与相关概念辨析》，马岭：《违宪审查相关概念之分析》，载《法学杂志》，2006（3）。

② 参见莫纪宏：《违宪主体论》，载《法学杂志》，2006（1）。

③ 参见牟宪魁：《日本宪法诉讼制度论的课题与展望——以反对设立宪法法院的主流学说为中心》，载《法商研究》，2006（1）；王峰峰：《从小泉参拜判决看日本违宪审查制度的“附随性”》，载《法学》，2006（2）；刘大生：《美国司法审查制度是如何产生的——对一种流行说法的质疑》，载《法学》，2006（8）；朱应平：《澳大利亚宪法非歧视性条款的适用及启示》，载《法商研究》，2006（4）；朱应平：《两重审查基准在政治权利和经济权利中的运用——美澳比较及启示》，载《法学》，2006（3）。

会制度下建立违宪审查制度对于维护宪法与法律的权威与安定，对于维护法制的统一，对于维护人民代表大会本身的权威，对于反腐败以及建设社会主义法治国家等等都是必不可少的。由法官进行违宪审查具有民主正当性与技术优势与程序优势。要建立“混合型”的以普通法院为主的违宪审查制度，宪法应当明文规定违宪审查的范围与结果，建立人民代表大会对法院的“反牵制”的制度，确立司法自律的规范与养成司法自律的传统等等。①

针对“宪法司法化”学术命题，有学者认为，“我国宪法实施的核心特征是代议机关至上”，并通过对中国政法背景出发的分析和超此背景的普遍分析，论证了“代议机关至上优越于宪法司法化的”重要学术命题，认为“宪法司法化的正当性都逊于代议机关至上”，为学术界深入思考人民代表大会制度下的违宪审查制度模式提供了新的思路与研究线索。②

（六）对宪法学研究方法的反思

任何一门学科体系的更新首先有赖于研究方法的创新与发展。由于历史和现实的原因，在我国宪法学研究中，研究方法所具有的公共性价值长期被忽略，阻碍了宪法学研究的进一步深入，更遑论与世界上其他国家宪法学研究在同一平台上的沟通交流。为此，近年来，学者们从方法论的角度重新反思宪法学研究的过程与成果，在客观分析传统研究方法的基础上，努力建立多样化的研究方法体系，力求在更广泛的范围内寻求能够合理地解释与说明宪法问题的方法与途径，从而建构宪法学的逻辑体系。针对宪

---

① 参见周永坤：《试论人民代表大会制度下的违宪审查》，载《江苏社会科学》，2006（3）。

② 参见翟小波：《代议机关至上，还是司法化?》，载《中外法学》，2006（4）。

法学研究方法不成熟的现状，有学者提出要注意区分宪法学研究方法与法的一般研究方法、政治学研究方法以及宪法解释学方法的差异与联系，要对中国宪法文本持“中立”的立场，处理好宪法学研究中的普适性价值与中国特性的关系。① 有学者则分析了宪法社会学在整个宪法学方法论体系中的地位与功能，提出了宪法社会学的基本框架与方法。2006 年度，有关宪法哲学问题也引起了学者们的广泛关注，有学者认为，宪法哲学的基本问题是：“什么是宪法？人类为什么需要宪法？人类需要什么样的宪法？宪法哲学的本质是政治哲学”②。也有学者认为，宪法学可在宪法科学和宪法哲学两层次上独立地展开，宪法科学以实然宪法的应用为中心，宪法哲学以宪法的应然为中心。③

三、2006 年宪法学理论研究评析

（一）宪法学研究的主要特点

1. 在价值趋向上，宪法学研究突出了专业化的特色

2006 年，显示宪法学独立意识和宪法学人为之努力的各项研究活动比较活跃。首先是在微观层面，举办了“第二届中国宪法学基本范畴与方法学术研讨会”，继续进行对宪法学基本范畴与方法问题的研讨，逐步达成共识，以此形成作为宪法学学科品质之标志的宪法学基本范畴和方法。其次是进行横向学科交流，展开与法理学、民法学的学术对话，在与其他部门法的交流中寻求宪法学的独特属

① 参见胡锦光、陈雄：《关于中国宪法学研究方法的思考》，载《浙江学刊》，2005（4）。

② 邓毅：《什么是宪法哲学》，载《华东政法学院学报》，2006（4）。

③ 参见谢维雁：《宪法学的走向：从宪法科学到宪法哲学》，载《四川师范大学学报》，2006 年第 33 卷第 1 期。

性。另外，有关宪法哲学的讨论有利于为以上各项努力提供理论支撑，使宪法学学科获得了独立性，宪法学专业性得到提高。就前揭404篇中104篇刊发在核心期刊上的宪法学学术论文的作者而言，在这93位作者中，专门从事宪法学研究与教学的有85位，约占91.40%，而相比之下其他专业的学者只有8位，约占8.60%（参见表11）。这种情况说明，宪法学研究已开始形成了专业槽，建立了自身的逻辑与语言，改变了宪法学过于“大众化”的形象，在一定程度上明确了不同专业之间应该遵循的学术界限。

表11　　宪法学专业与非专业学者发表论文的比例

分　类	宪法学科作者	其他学科作者	总　计
数　量（人）	85	8	93
比　例	91.40%	8.60%	

2. 在研究思路上，重视宪法学研究的专题性与规范性

20世纪80年代起普遍存在的“教材意识”实际上阻碍了宪法学研究的整体发展。尽管通过大量教材的编写，普及宪法知识，满足宪法学教学的需要，是当时社会的客观需要，但是以教材编写而展开的研究，是以宏观的、整体的研究思路为主，致使宪法学研究无法向纵深推进，对于具体问题的研究力度和深度也十分有限。不过，进入90年代后，宪法学研究开始由宏观思路向以微观问题研究为主的方向发展，集中的表现便是宪法学研究的专题化。① 从某种意义上

① 宪法学研究的专题性成果还表现在2006年出版的学术著作，如刘连泰：《国际人权宪章与我国宪法的比较研究》（法律出版社）徐振东：《宪法解释的哲学》（法律出版社）；姚国建：《违宪责任论》（知识产权出版社）；魏晓阳：《制度突破与文化变迁》（北京大学出版社）；魏建馨：《和谐与宽容——宪法学视野下的公民精神》（法律出版社）等。

讲，专题化的研究是衡量学科发展水平的重要标志，反映理论研究积累的具体成果。宪法学研究规范化主要体现在选题上。在全部发表论文中，宪法基本理论所占比重有减少的趋势，而人权、基本权利、宪法实施的保障制度及宪法基本制度的比重有所增加。一般来说，法学类核心期刊对所刊发文章类型的偏好反映了宪法学专业人士的基本学术价值取向。

3. 在研究内容上，宪法学研究逐步趋于本土化

从根本上而言，作为特定社会产物的宪法学，关注和解决本国社会发展中出现的各种实践问题是其存在的社会基础。这就要求确立宪法学的问题意识，积极关注现实中的宪法问题，从宪法的角度予以分析和解决。综合近年来宪法学研究的主要成果，可以看出其在关注中国宪法问题、关注中国社会现实的强烈倾向。

4. 在研究队伍上，宪法学研究机构逐步趋于专业化

宪法学的发展是一个历史的过程，不同时代的宪法学承担着不同的历史使命。宪法学历史使命的完成需要宪法学者们共同的努力，需要在学术研究与争鸣中推动宪法学的发展。在研究与争鸣中达成的基本共识，为宪法学的进一步研究奠定了基础，而其中的争论与分歧，指出了宪法学下一步研究的方向。因此，加强宪法学研究机构的专业化无疑是十分必要的。纵观我国宪法学二十多年来的发展，宪法学研究的专业化趋向也在逐渐增强。一方面，在研究形式上，各种类型的学术研讨会、讨论会明确了宪法学研究的主题和方向，也为宪法学成果的交流与推介提供了平台；另一方面，在研究组织上，宪法学者们紧紧依托中国法学会宪法学研究会，积极开展学术研究。自 1985 年宪法学研究会成立至今，宪法学研究会一直秉持专业精神，极力倡导学者们深入研究宪法学基本理论与实践问题，为推动宪法学的发展、构筑中国特色的

社会主义宪法学理论体系作出了较大贡献。[①]

（二）宪法学发展中值得进一步反思的问题

1. 面对中国社会转型时期出现的宪法问题，中国宪法学还缺乏系统的理论解释能力，对本国宪法理论资源的挖掘不够深入

从2006年发表的关于人权和公民基本权利以及以论证中国宪法问题为主要内容的其他宪法论文的引证资料的统计看，外文资料的引用率是比较高的，而人权和公民基本权利的论文引证我国港台地区资料的数量明显多于其他类论文的引证数。另外，对外文资料的引用表现为明显的不均衡。例如从引用的境外资料的构成看，外文原文以英语为主，只有少数几篇引用德语、法语资料。一般来说，港台地区资料大多来源于德国等欧洲大陆国家，因此对欧洲大陆国家的资料是间接引用。从发表论文整体情况看，对中国宪法学理论和资源的利用比例是相对低的，即使以中国宪法问题为研究对象的论文中本国学者观点的引用比例也是不高的。这种现象在一定程度上说明了目前中国宪法学研究的学术价值取向，即背后存在一定程度和范围的"西方中心主义"宪法学的价值取向与思维模式。

此外，学者们在宪法学研究中，更多地关注来自于西方社会宪政的经验，对于与我们具有相似文化背景的非西方国家宪政经验的关注不够。这种现象不仅表现在对非西方宪政理论研究成果的数量上，而且表现在宪法学理论的具体运用过程中。比如，在前揭404篇论文中，专门研究非西方国家宪法理论与实践的论文是

---

① 参见韩大元、胡弘弘：《宪法学人的学术共同体——纪念宪法学研究会成立20周年》，载中国法学会宪法学研究会编：《中国宪法年刊》（2005年），4页，北京，法律出版社，2006。

微乎其微的。其中在核心法学刊物上刊发的19篇研究外国宪法制度的研究性论文中，研究西方国家的有17篇，占89.47%；而研究非西方国家的只有2篇，仅占10.53%。因此，通过学术论文所传递的非西方的宪法理论信息是非常有限的（见表12）。而研究西方国家宪法过程中，也存在一定程度的工具主义的思维，忽略了宪法的目的性价值；注重于具体制度的介绍，而忽略该具体制度背后的社会背景支持；对具体制度的历史变迁也未能进行全面、系统地梳理，更多地着眼于某一点、某一个具体制度的研究。因此，在进行宪法学研究时，需要确立文化多元主义的思维，以平等的文化视野看待与评价不同文化背景下的不同的宪法理论与制度。

表12　　关于外国宪法的论文中研究国别的统计

分类	西方国家					非西方国家	
国别	美国	英国	欧盟	日本	澳大利亚	南非	印度
	9	2	2	2	2	1	1
总数	17					2	
比例	89.47%					10.53%	

2. 宪法学基础理论研究尚待深入

虽然宪法学的基础理论研究取得了重大进展，但我们应该清醒地看到，较之社会发展的要求，支撑宪法制度与实践的基础理论研究仍然存在着较大的不足。面对社会转型中出现的大量宪法问题，我们现有的宪法学研究所能提供的理论与知识的支持是有限的。从理论研究的原则到具体的学科体系，从宪法学的基本概念到基本范畴，目前还未形成有机的、具有内在逻辑的知识体系。

3. 在研究方法上以逻辑论证为主，经验性与规范性研究较少

宪法学是一个实践性很强的学科，尽管理论的论证对学科发展非常重要，但是过多的宏大叙事型的理论论证不利于宪法学科的发展。数据显示，尽管我国宪法学研究已经出现经济分析等新的研究方法的运用，但是宪法学学术论文绝大多数还是采用逻辑演绎的分析方法，不善于运用经验与规范性等研究方法。

4. 宪法学研究的实践功能尚待加强

虽然中国宪法学研究体现了较强的现实关怀与问题意识，但迄今为止宪法学研究成果的社会化程度较低、实践价值有限，仍是客观的事实。实际上，宪法学体系中并不存在纯粹的学术领域，每一个理论命题都与具体的实践活动有着密切的关系，研究课题的主体、研究内容与研究成果都面临着如何社会化的任务。因此，疏通宪法学理论研究与社会生活之间必要的交流与沟通机制，扩大宪法学者对国家重大决策与重大法律制定的影响，加强偏重社会现实问题的“应用性”研究，通过市场化途径发挥宪法学的学术影响力等，为社会发展提供理论引导和支持，则是宪法学研究需要高度关注的课题。

四、宪法学发展展望

在我国未来社会发展中，宪法学作为科学的知识体系将发挥越来越重要的作用，直接影响到法治国家的建设进程，影响到宪法秩序的建立与整个法学理论体系的完善。总的看来，我国宪法学发展将呈现以下趋势：

1. 在独立与综合中推动宪法学的发展，逐步确立宪法学理论体系

虽然近年来我国宪法学研究对建立宪法学知识体系进行了一定的探索，宪法学的体系化渐露端倪。但作为一门独立的知识体系，宪法学有机性、严密性的知识体系的确立还需假以时日，也需要宪法学研究的进一步深入。首先，宪法学体系的独立学术品格尚待树立，虽然针对宪法学与政治学的关系进行了一定界分，但厘清宪法学与政治学之间的区别与联系，则是树立宪法学独立学术品格的前提。其次，在宪法学体系中，较之对现行宪法制度与公民基本权利的高度关注，宪法史、宪法思想史以及宪法学说史的研究尚待进一步深入。最后，未来社会的宪法现象是一种综合性的现象，如何在多学科的知识共同体中寻求宪法学发展的资源，实现宪法学理论研究内容和研究方法上的综合化，也是宪法学体系化同时所面临的问题。

2. 在规范与解释中推动宪法学的发展，加强宪法学研究的规范化

提及对我国宪法学目前所存在问题的总结，一个较为常见的批判便是，目前我国的宪法学研究仍然停留在注释法学的层面上，还未能真正发展为独立的理论法学。其实，这是对我国当前宪法学研究的片面认识。一方面注释法学与理论法学并非绝对的泾渭分明，即使是理论法学研究也必须以宪法文本的诠释为基础；另一方面，就我国的宪法学研究而言，由于历史传统和现实环境的影响，远未达到注释法学的层面。甚至可以说，我国宪法学研究对宪法文本的关注及其规范分析是极为欠缺的。因此，在规范层面，注重我国宪法文本的规范分析与研究，为社会发展提供宪法支持，无疑是我国今后宪法学研究较长一段时期内所应关注的重点。当然，宪法学研究的规范化，并非仅仅止于对宪法文本的规范分析。宪法学研究的规范化是一个庞大的工程，它涉及宪法学

基本范畴的规范化、宪法学研究方法的规范化、宪法学体系结构的规范化、宪法学成果转化的规范化等多方面的内容。

3. 在开放与综合中推动宪法学的发展，实现宪法学研究的综合化

宪法学作为一门学科体系，固然需要树立自身独立的知识体系，而社会现实的复杂多样，决定了宪法学研究的综合化也需加强。作为一门社会科学，宪法学与其他社会科学研究存在着诸多的相似之处。

首先，宪法学与其他社会科学，如经济学、政治学、社会学、历史学、哲学等学科之间存在着密切的联系。

这种与其他学科之间的交流与合作，一方面为宪法学研究提供了丰富的知识素材和理论基础，另一方面宪法学与其他学科之间研究领域的交叉与重合，也促成了宪法经济学、宪法社会学、宪法史学、宪法哲学等新的边缘性学科的发展。而在研究方法上，解释学、经济学、哲学等学科的研究方法亦可运用到宪法学研究之中，这种宪法学研究方法的多样化与综合化，有利于以宪法价值为基础的知识共同体的建立。

其次，在法学体系内部，进行宪法学与民法学、宪法学与刑法学、宪法学与诉讼法学等学科之间的交流与对话。现代社会丰富而庞杂的事务，使得相关的法律问题也更为复杂，仅仅依靠某一学科的知识资源难免故步自封，也难以厘清问题的本质乃至完满解决。只有借助于多学科的原理与知识，才能把握问题的本质。而且，就大陆法系国家而言，公法与私法、部门法与部门法的划分，本就只具有学理上的相对意义，万不可将各部门法之间的划分予以固守与僵化。

4. 在现实与创新中推动宪法学的发展，增强宪法学研究的实践性

学科研究的目的和动力在于运用于社会实践，宪法学研究也是如此。长期以来，宪法作为国家的“根本法”，其至高性和神圣性在得到强调的同时，其在社会实践中的功效却被不适当地限缩。这一现象实际上影响了我国的宪法学研究，虽然宪法学者们进行的相关研究中表现出高度的问题意识和现实关怀，但由于我国没有建立完善的宪法诉讼制度，宪法的实践性还十分有限，宪法学理论指导现实的功用也存在较大的局限性。首先，要实现宪法学研究内容的现实化，合理地调整宪法与执政党执政行为的关系，把执政行为纳入到宪法范围之内，实现“依宪执政”的基本目标；其次，要实现宪法学研究成果的现实化，扩大宪法学者参与国家决策的方式和途径，提高宪法学的社会影响力；最后，要建立宪法学研究成果的转化机制，保持宪法理论与宪法实践之间的良性互动关系，为宪法学价值的现实化提供必要的理论支持。因此，进一步增强宪法学研究的实践性，不仅是社会发展对宪法学研究的基本要求，也是宪法学研究获得进一步发展的动力之源。

图书在版编目（CIP）数据

法学进阶之路／王亚新等著.
北京：中国人民大学出版社，2008
（法科学生读本）
ISBN 978-7-300-08910-2

Ⅰ. 法…
Ⅱ. 王…
Ⅲ. 法学-文集
Ⅳ. D90-53

中国版本图书馆 CIP 数据核字（2008）第 005645 号

法科学生读本
法学进阶之路
王亚新　等著

出版发行	中国人民大学出版社		
社　　址	北京中关村大街 31 号	**邮政编码**	100080
电　　话	010－62511242（总编室）		010－62511398（质管部）
	010－82501766（邮购部）		010－62514148（门市部）
	010－62515195（发行公司）		010－62515275（盗版举报）
网　　址	http://www.crup.com.cn		
	http://www.ttrnet.com(人大教研网)		
经　　销	新华书店		
印　　刷	河北涿州星河印刷有限公司		
规　　格	148 mm×210 mm　32 开本	**版　　次**	2008 年 1 月第 1 版
印　　张	6.875 插页 2	**印　　次**	2008 年 1 月第 1 次印刷
字　　数	158 000	**定　　价**	20.00 元